교육의 패러다임이 바뀐다

HOMEFLIX
홈플릭스
새로운 교육이 온다

장영현 지음

바이북스
ByBooks

우리 아이는 마법사

훈련만 좀 받으면

넌 분명히 훌륭한 마법사가 될 거야.

영화 〈해리포터와 마법사의 돌〉 중에서

2003년 처음 영화 현장에 발을 들였다. 연출부 막내로 연봉 400만 원을 받았다. 촬영 중 함박눈이 내리던 날, "컷!" 소리가 나면 뛰어가서 눈을 쓸었다. 남녀 주인공이 도로에서 키스하는 장면을 위해 달려오는 자동차를 몸으로 막았다. 나는 두 사람이 키스하는 동안 차에서 내린 운전자에게 뺨을 맞았다. 40시간이 넘는 세트장 촬영이 끝나면 코피가 흘렀다. 엔딩크레딧에 나오는 이름 세 글자로 버텼다. 충무로 스태프 생활은 살아남는 것이 곧 마법이었다.

그러나 마법의 힘이 약했던 것일까? 내게 마법은 애초부터 없었던 것일까? 오랜 시간 나는 감독의 꿈을 잃어버렸다. 9편의 영화에 이름을 남겼지만 모두 내 것이 아니었다. 청춘의 시간 한가운데 주저앉아 울고 있던 나는 결국 충무로를 떠났다.

그리고 어느 날, 인천공항으로 향했다. 캠코더 하나 들고 여행길에 올랐다. 서른 살에 떠난 여행에서 사람 이야기를 담았다. 그 이야기를 5분짜리 단편영화로 만들었다. 2010년 서울에서 열린 한 국제영화제에서 그 단편영화가 상영되었다. 칸과 아카데미와는 상관없지만 나만의 오리지널 작품이었다. 오리지널 작품과 마주하면서 비로소 나는 내 안의 마법을 발견했다.

'학습學習'은 '학이시습學而時習'의 줄임말이다. 배우고 때때로 익혀 외부 지식을 '자기 것'으로 만드는 과정을 말한다. '자기 것'은 오리지널이다. 오리지널은 창작으로 태어난다.

그런데 현재 우리의 교육에 창작이 있다고 말할 수 있을까? 공자는 학습을 통해 기쁨이 있다고 했는데, 지금 우리의 공부는 고통이 아닐까? 공자가 말한 배움의 기쁨은 오리지널에서 얻는 기쁨이다. '자기 것'으로 만드는 공부를 통해 기쁨이 생겨난다.

부모에게 아이가 자라는 모습은 어떤 영화보다도 감동적이고 흥

미진진하다. 아이들은 영화 속 인물과는 달리 진짜 살아 있기 때문이다. 이 살아 있는 아이들에게 살아 있는 교육이 필요하다. 살아 있는 교육에 오리지널이 빠질 수 없다. 오리지널은 자녀의 잠재력을 깨우고, 부모의 자아도 살려낸다. 부모와 자녀 모두 오리지널로 새로운 인생의 주인공이 될 수 있다.

《홈플릭스, 새로운 교육이 온다》는 6개의 드라마 및 영화 속 인물과 장면을 통해 초등자녀를 키우는 데 필요한 핵심가치를 소개한다. 믿음, 관계, 자아, 용기, 사랑, 잠재력이 바로 그것이다. 해당 영화를 본 적 없어도 책을 읽는 데 문제는 없다. 혹시 내용 이해를 위해 작품을 시청한다면, 앞부분에 언급한 3개의 한국 작품은 부모만 보고, 뒤에 언급한 3개의 할리우드 작품은 자녀와 함께 보길 권한다.

나는 아내와 함께 두 자녀를 홈스쿨링으로 교육하고 있다. 홈스쿨링을 영화에 빗댄다면, 영화의 호흡, 분위기, 엔딩까지 가족이 만들어 내는 오리지널 콘텐츠라 말할 수 있다. 가족 안에서만 누릴 수

있는 교육의 행복과 이로움을, 그 오리지널 콘텐츠를 함께 나누고
싶어서 이 책을 썼다.

《홈플릭스, 새로운 교육이 온다》를 통해 자녀 교육에 지친 부모
들이 오리지널을 회복하길 소망한다. 우리의 자녀는 마법사다. 훈련
만 좀 받으면 충분히 훌륭한 마법사가 될 수 있다. 부디 그 사실을
잊지 말자.

차례

chapter 1

〈스카이캐슬〉 그리고 믿음

chapter 2

<달콤한 인생> 그리고 관계

chapter 3

<기생충> 그리고 자아

 chapter 4

<위대한 독재자> 그리고 용기

 chapter 5

<반지의 제왕> 그리고 사랑

chapter 6

〈해리포터〉 그리고 잠재력

나오는 글

〈스카이캐슬〉
그리고 믿음

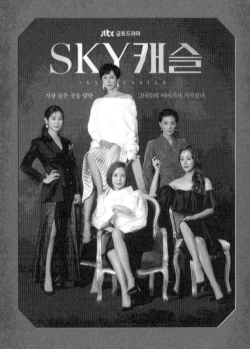

가정은
인류 최초의 학교이자
가장 기초적인
학습 장소이다.

_레이 볼만

어머니, 저를
믿으셔야 합니다

"어머니, 저를 믿으셔야 합니다."

드라마 〈스카이캐슬〉의 유명한 대사다. 입시 컨설턴트가 학생 엄마에게 했던 말이다.

상황과 인물을 극단적으로 표현했지만 드라마 〈스카이캐슬〉은 대한민국 교육 현실을 잘 반영해서 큰 화제를 불렀다. 현재 대한민국 자녀 교육은 외부로부터 전적인 믿음을 강요받고 있다.

아기가 태어났을 때 믿을 수 있는 대상은 부모밖에 없다. 아이는 부모를 전적으로 믿는다. 그런데 부모는 스스로를 믿지 못한다. 아이를 가르칠 수 있는 건 부모가 아니라 교육전문가라고 믿기 때문이다.

《홈스쿨링》을 쓴 레이 볼만은 다른 의견을 제시한다. 제도권 학교가 아닌 가정에서 교육받은 사람들이 잠재력과 지도력의 최정점에 도달했다고 주장한다. 근거 없는 주장이 아니다. 세상을 바꾼 위

《과학적 관리법》(1911년)
프레더릭 테일러 지음

대한 대통령, 법률가, 과학자, 사업가, 작가, 작곡가, 교육자, 경제학자, 발명가들은 대부분 집에서 배웠다. 인물 목록을 더 자세히 알고 싶은가? 구글링하면 다 나온다. 더 충격적인 것은 지금의 공교육 제도를 만든 사람도 집에서 배웠다는 사실이다. 그는 바로 미국의 프레더릭 테일러다. 테일러는 퀘이커 교도 가정에서 어머니와 함께 홈스쿨링을 했다. 그는 홈스쿨링을 통해 효율을 최우선으로 하는 교육제도를 만들었다. 치밀한 공교육 제도는 뛰어난 홈스쿨러 학생으로부터 탄생했다. 교육 시스템의 대반전이다.

테일러는 스티븐스 공과대학에서 기계를 공부한 후 엔지니어로 일하며 효율을 최고의 가치로 내세웠다. 그는 공장노동자가 일부러 일을 게을리하는 거라며 분개했다. 테일러는 게으른 노동자가 사업주에 손해를 끼친다고 생각해서 이를 개선하기 위해 효율성과 생산성을 연구했다. 그 결과 1911년에 저서《과학적 관리법》을 세상에 선보였다.

테일러의 책이 나온 지 1년 후인 1912년, 교육의 목적은 시대에 필요한 노동력을 제공하는 것이 최우선되었다. 시험성적과 등수로 학생을 평가하는 공교육 제도는 바로 이때부터 시작되었다. 표준화된 교육 시스템과 평가를 테일러즘이라 일컫고, 이 시스템을 신봉하

테일러즘을 풍자한 삽화

는 사람들을 테일러주의자라고 부른다. 약 100년 전, 현대교육의 표준시스템이 마련된 것이다. 이 짧은 역사의 공교육 제도가 대한민국 교육을 장악하고 있다. 교실이 감옥 같고 시험이 지옥 같은 데는 이러한 역사적인 배경이 있다.

나는 부모들에게 무작정 학교와 학원에 보내지 말라고 주장하는 것이 아니다. 보내더라도 알고 보내자는 것이다. 홈스쿨링으로 배운 사람이 만든 공교육 제도가 과연 합당한지 한 번 쯤 생각해보자. 테일러는 본인 스스로도 경험하지 않은 효율만 최우선으로 하는 공교육 체제를 만들었다. 현재 공교육 체제 안에 있는 학생, 학부모, 교사는 한 명의 홈스쿨러가 만든 이론 체계 안에 머물고 있다. 표준적인 노동자 양성에 최적화된 공교육 제도가 4차 산업시대인 지금까지 생존한 채 영향력을 발휘하고 있다. 그런데 이는 테일러가 배운 홈스쿨링 교육의 탁월함을 역설적으로 보여준다.

다음은 테일러가《과학적 관리법》에서 쓴 글이다.

"우리는 단순 노동자의 자녀들을 철학자나 학자나 과학자로 만들고 싶은 생각이 없다. 이들 가운데서 작가, 연설가, 시인 또는 문학가를 키우지 않을 것이다. 아이들에게서 뛰어난 예술가, 화가, 음악가의 재능을 발견하지 않을 것이다."

명확하고 단호한 주장이다. 공교육 체제가 견고해지는 동안 위대한 작가와 예술가는 점차 줄어들고 기능인들이 늘어난 데는 이런 기획의도의 영향이다. 자녀가 위대한 사상가나 과학자, 발명가, 예술가가 되길 원하는 사람은 입시 컨설턴트를 찾지 않는다. 높은 성적과 상위 등급을 교육의 최종목적으로 여기는 사람이 입시 컨설턴트를 찾는다. 믿지 말아야 할 대상을 전적으로 믿는다. 그 믿음의 결과 자녀는 잠재력과 재능을 잃는다. 부모를 향한 믿음도 잃는다. 부모는 스스로에 대한 믿음을 빼앗긴다.

드라마 〈스카이캐슬〉에서 입시 컨설턴트 김주영은 교주였다. 자녀와 부모 모두 그녀의 가르침을 굳게 믿었다. 극단적이긴 하지만 평범한 우리 가정에서 벌어지고 있는 일이다. 반면 아이는 부모를 가장 못 미더워한다. 학력, 사회적 지위, 전문성이 아무리 뛰어나도 자녀로부터 다음과 같은 말을 듣는 부모는 자녀 교육에 있어 실패한 것이다.

"에이. 엄마, 아빠가 뭘 알아?"

갓 태어난 아기는 오직 부모만 믿는다. 시간이 지나면서 그 믿음이 사라진 것은 누구 탓인가? 아이 탓인가, 아이에게 믿음을 주지 못한 부모 탓인가?

자녀가 당신에게 뭘 아냐고 대꾸하기 전에 부모를 향한 자녀의 믿음을 외부에 빼앗기지 말자. 열 달 동안 아이를 품고 산통을 겪은 엄마보다 자녀를 더 잘 아는 사람이 대체 누구이겠는가? 또한 아빠보다 자녀를 더 사랑하고 가족을 위해 더 희생하는 사람은 없다. 부모는 자녀에게 가장 믿음직한 사람이어야 한다.

잊지 마라. 부모인 당신은 자녀가 전적으로 신뢰했던 사람이며, 최초이자 유일한 교사였다. 달에 새겨진 첫 발자국이 인류에게 위대한 첫걸음이었던 것처럼 아이에게 걸음마를 가르친 당신은 위대한 스승이다.

아직 어린 우리 자녀는 부모를 믿는다. 부모가 자녀를 가르칠 수 있다는 것을 믿어라. 믿음이 무너진 교육은 모래 위의 교육이다. 교육 이전에 믿음이 있어야 한다. 그 믿음이 무너져서 대한민국 교육이 흔들리고 있다.

"이제 됐어?"

2007년, 외국어 고등학교에 다니며 주변의 부러움을 샀던 아이가 엄마에게 마지막으로 남긴 말이다. 아이는 엄마가 요구하던 성적을 받은 후 베란다에서 몸을 던졌다. 믿음의 끈을 놓음과 동시에 생명의 끈도 놓았다. 고등학생뿐만 아니다. 카이스트에서는 2011년부터 6년 동안 11명이 스스로 목숨을 끊었다. 학부생 6명, 대학원생 4명, 교수 1명이다. 외고와 카이스트뿐이겠는가? 흔들리는 교육에 넘어지는 생명을 믿음의 끈으로 붙잡아야 한다.

자녀 교육은 믿음의 끈으로 연결된 2인 3각 달리기다. 아이가 넘어지지 않게 부모가 구호를 외치며 호흡과 속도를 조절해야 한다. 교육은 믿음을 기반으로 한 레이스다. 한 사람이 느리거나 빠르면 넘어지게 되어 있다.

나는 한글을 읽을 줄 아는 부모는 자녀에게 한글을 가르쳐야 한다고 믿는다. 서점에는 만 2세를 위한 한글 교재도 있지만, 문자보다 부모의 실제 목소리로 동화책을 읽어 주는 것이 더 좋다. 그것이 오리지널 교육이다. 특히 아빠가 읽어 주면 더욱 좋다. 아빠의 중저음 목소리는 자녀에게 안정감을 준다. 미국 의과대학 산부인과에서 8명의 임산부를 대상으로 한 실험에 따르면 태아는 여성 목소리보다 남성 목소리를 더 잘 듣는 것으로 밝혀졌다. 외부의 소리는 모체의 복벽과 양수를 통과하면서 약해지기 마련인데, 여성의 음량이 남성의 음량보다 더 감소한다. 남자 목소리가 일반적으로 여자에 비해 굵고 낮기 때문에 파장이 길어 자궁 안까지 더 멀리 전달된다. 배 속에서도 안정감 있는 소리였다면, 배 밖에서도 마찬가지다.

예일대학교는 목소리의 성별에 따라 뇌가 어떻게 반응하는지 알아보기 위해 남녀로 구성된 참가자들에게 남성과 여성 목소리를 모두 듣게 한 후 대뇌활동을 측정하는 실험을 했다. 남성 목소리를 들었을 때 언어 중추가 있고 논리적인 생각을 주로 하는 왼쪽 뇌에서 대뇌 활동이 활발하게 이루어진다는 결과가 나왔다. 이쯤 되면 아빠 목소리에 아이의 언어 능력이 달려 있다 해도 과언이 아니다. 한국에서 태교를 위한 아빠 동화책이 잘 팔리는 데는 이유가 있다. 말할 줄 아는 아빠는 아이에게 최고의 오디오북이다.

나의 두 딸은 모두 아빠인 내가 읽어 주는 동화책과 성경책으로 한글을 배웠다. 특히 성경책은 종교 여부를 떠나 좋은 문장을 배울 수 있는 최적의 교재다. 특히 31장으로 이루어진 〈잠언〉 말씀은 하루에 1장씩 읽어 주면 언어 교육뿐 아니라 인성 교육도 된다. 실제 〈잠언〉에는 부모가 자녀에게 주는 훈계가 담겨 있다. 좋은 독서습관은 보편적인 가치에 대한 믿음을 탄탄하게 만든다.

자녀가 부모에게 들은 책 내용을 정리해서 말하는 것도 오리지널 교육이다. 이를 통해 경청의 능력이 길러지고, 들은 내용을 정리해서 말할 줄 아는 사람이 된다. 요즘 학생들 중에는 들어도 듣지 못하고 보아도 보지 못하는 난청, 난독이 많다고 한다. 성인들도 크게 다를 바 없다. 이런 사회에서 잘 듣고 자란 자녀는 특출난 인재가 될 수 있다. 한편 읽는 사람과 듣는 사람 사이에는 믿음이 생기기 쉽다. 믿음은 사람을 성장시키는 자양분이다.

또한 혼자서 외우는 암기형 교육보다 토론식 대화법은 학습효과가 훨씬 높다. 대표적인 토론 교육법인 하브루타는 학생들끼리 짝을 이루어 서로 질문을 주고받으며 논쟁하는 유태인 전통 토론 교육법이다. 하버드대학교는 하브루타의 학습 효과가 주입식 교육보다 무려 14배 더 높다는 연구결과를 발표했다. 1.4배가 아니라 14배다. 알면서 하지 않는 것은 손해다. 가정에서부터 토론을 시작하자. 대화를 시작하자.

기록 역시 그 자체가 오리지널이다. 아이가 한글을 읽고 쓸 수 없다면 책 내용을 그림으로 남기도록 유도할 수 있다. 읽고 쓸 수 있다면 독서노트를 만들고 간략하게 내용을 정리하는 것이 좋다. 아홉 살인 내 큰딸은 독서노트 만드는 과정을 지나, 책 내용을 인용하여 자기 책을 쓰고 있다. 그 책 내용을 가지고 놀이를 한다. 자신이 만든 콘텐츠에 믿음과 애정이 있기에 스스로 놀 수도 있고, 다른 친구들에게 알려줄 수도 있다.

《작은 아씨들》,《빨간 머리 앤》등 명작 소설을 쓴 작가들도 자기 이야기를 썼다. 오리지널 콘텐츠가 대박이 났다. 이 방식은 지금도 유효하다. 위의 두 소설은 최근까지 영화와 넷플릭스 드라마로 제작되어 큰 호응을 얻고 있다. 유튜브, 넷플릭스, 디즈니도 열심을 내는 분야가 오리지널 콘텐츠다. 자녀 교육도 오리지널을 개발하고 집중하면 대박을 기대할 수 있다.

부모와 깊은 신뢰가 쌓인 아이는 자신을 믿을 수 있다. 부모를 향한 믿음이 굳건한 아이는 모래가 아닌 바위 위의 교육에서 자란다. 그리고 이 시대의 인재로서 우뚝 설 수 있다.

죽은 듯이 있으면
진짜 죽는다

"내가 합격시켜 줄 테니까, 얌전히, 조용히, 가만히 있어. 죽은 듯이."

드라마 〈스카이캐슬〉의 입시 컨설턴트 김주영은 자신이 맡은 학생의 엄마에게 말했다. 죽은 듯이 가만히 있으라고. 김주영은 자신이 살인사건의 혐의자로 의심받게 되자 눈 감아 달라는 요청을 한다. 드라마에서 극적 표현을 위해 살인과 죽음을 소재로 사용했지만, 현실 세계는 이보다 더 살벌하다.

2018년 통계청이 발표한 사망 원인 통계에 따르면 자살이 가장 큰 비중을 차지했다. 대한민국은 OECD 회원국 중 자살률 1위다. 2018년 한 해 동안에만 13,670명이 자살했다. 그 중 청소년에 해당하는 9~24세 중 자살한 사람은 827명이다. 하루 평균 2~3명이 스스로 목숨을 끊은 것이다. 2018년 청소년 사망자는 2,017명인데, 대략 절반 가까이 되는 아이들이 자살로 생을 마감했다. 8년 연속 청소년 사망 원인 1위는 자살이다.(2020 청소년 통계, 통계청/여성가족부)

TV 프로그램에서 불치병이나 난치병에 걸린 아이들을 돕기 위한 모금 활동 영상을 보면 측은한 마음이 든다. 다행히 그 프로그램을 보는 많은 사람들이 어려움에 처한 아이들을 향해 따뜻한 손길을 내민다.

그러나 입시와 성적 스트레스로 죽어가는 아이들에 대해서는 아무도 도움의 손길을 내밀지 않는다. 부모도 마찬가지다. 오히려 더 다그친다. 그때는 다 힘든 거라고, 참고 버티면 행복해질 때가 온다고 하며 아이의 아픔을 외면한다. 대한민국 학부모는 성적과 입시 고민으로 인해 자살에 이르는 아이들이 많다는 것을 기억해야 한다.

그렇다면 대한민국 청소년 자살률이 전 세계적으로 가장 높은 이유는 무엇일까? 죽은 듯이 살기 때문이다. 부모와 교사는 꾹 참고 공부하라고 외친다. 이번 학기만, 이번 학년만, 대학 갈 때까지만 행복을 미루라고 강요한다. 대학 입학 후의 보상을 강요의 조건으로 내걸기도 한다. 자녀들은 강요에 못 이겨, 보상을 위로삼아 입시에 매달린다. 오로지 입시를 위해서만 얌전히, 조용히, 죽은 듯이 참고 공부한다. 그러다 삶의 방향을 잃고, 삶의 무게를 이기지 못하고, 꿈을 잃고 죽고 만다. 죽은 듯이 지내다가 진짜 죽는다.

2018년 한국청소년정책연구원에서 발표한 청소년 자살 원인 1위는 학업 문제로, 37.2%를 차지한다. 2위는 미래에 대한 불안으로,

21.9%다. 절반 이상을 차지하는 성적과 진로에 대한 고민이 우리 아이들을 죽음으로 내몰고 있다. 이 정도면 '자살 보험' 가입이 필요하다고 해도 과언이 아니다. 부모는 아이들이 숨 쉴 수 있는 틈을 줘야 한다. 그것이 자살 예방을 위한 보험이다.

"숨을 쉴 수가 없어(I can't breathe)."

육중한 경찰의 무릎에 깔려 숨진 흑인 플로이드가 남긴 마지막 말이다. 이 말은 숨을 쉴 수 없다고, 숨 좀 쉬게 해달라고 소리치는 우리 아이들의 외침이기도 하다. 우리 청소년들의 절반 정도는 하루 여가가 2시간도 채 되지 않는다. 그나마도 스마트폰 게임이나 유튜브 시청으로 그 짧은 여가를 전부 소비한다.

야근 후 퇴근길에 학원가를 지나칠 때면 줄 지어 서 있는 학원 셔틀버스를 볼 때가 있다. 아이들은 버스 좌석에 앉아 잠시 숨을 돌리며 스마트폰을 쳐다본다. 측은하고 미안한 마음이 든다. 우리의 아이들은 나의 야근보다 더 가혹한 심야 공부를 한다. 어른들보다 숨막히게 사는 아이들을 이제 그만 다그치자. 아이들이 숨 좀 쉴 수 있게 여유를 주자. 살고 싶다고 외치는 소리를 외면하지 말자.

내 취미는 딸들과 함께하는 동네 놀이터 투어다. 아파트 단지마다 놀이기구도 다르고, 특색이 있다. 유일한 공통점은 놀이터에 아이들이 없다는 것이다. 우리는 집 근처 놀이터 명당들을 발견했다. 아무도 없는 놀이터의 주인이 되어 '술래잡기', '무궁화꽃이 피었습니다'를 한다. 아빠인 내가 때로 괴물이 되어 딸들을 쫓는다. 짠내

투어지만 단맛 나는 시간이다. 제법 오랫동안 놀이터에서 놀다가 돌아올 때면 아파트 입주민들에게 미안한 마음마저 든다. 넓고 시설 좋은 놀이터가 있는 아파트를 사려고 열심히 일하고, 많은 빚을 졌을 텐데, 관리비도 적잖이 낼 텐데, 이용하는 사람이 나와 내 딸들밖에 없어서 미안하다. 무주택자인 내가 할 생각은 아니지만, 아무튼 미안하다. 내가 철은 없지만 염치는 있다.

"우리를 위해 열심히 사는 건데 우리가 피해를 보고 있어."

웹툰 원작의 드라마 〈미생〉 중 워킹맘의 대사다. 열심히 일만 하며 살던 워킹맘의 회한이 드러난다. 물론 열심히 공부하고, 일하는 것이 나쁜 것은 아니다. 목표를 위해 밤샘공부도, 야근도 필요하다. 다만 누구를 위한 삶인지 돌아볼 시간은 가져야 한다. 열심히 살면서 자신과 자녀에게 피해주지 말자. 자기계발을 핑계로 저지르는 자기학대를 멈추자. 죽은 듯이 있다가 진짜로 죽을 확률이 높아진다. 자살 예방을 위한 보험은 숨 돌릴 수 있는 삶의 여유다. 여유를 통해 자기 확신과 삶을 살아가는 의지를 단단히 다질 수 있다.

자기 확신은 삶의 여유에서 비롯하기도 하지만 불굴의 의지에서도 생겨난다. 삶의 조건을 풍족하게 가지고도 죽은 듯이 살아가는 사람과는 다르게 어려운 환경을 극복하며 생생하게 살아가는 사람도 있다. 이들은 할 수 있다는 믿음을 가지고 놀라운 일들을 해낸다. 이런 인생을 보면 살맛이 난다.

1932년 한 남자 아이가 미국 샌프란시스코에서 뇌성마비 장애인으로 태어났다. 아이는 오른손을 못 쓰고, 등과 어깨가 굽었으며, 가까스로 걸을 수 있었다. 아이는 죽은 듯이 살아야 할 조건을 완벽히 갖고 있었다. 하지만 아이는 죽은 듯이 살지 않았다. 아이는 특수 학교가 아닌 일반 고등학교를 졸업하고, 다섯 달간 구직센터 앞에서 긴 줄을 섰다. 네 군데의 직장에 취업했지만 하루 이틀을 넘기지 못했다. 병원에선 약병을 깨트렸고, 대형마트에선 계산기를 잘못 눌렀다. 그러나 성인이 된 아이는 자신이 최고의 세일즈맨이 될 수 있다고 믿었다. 그 믿음으로 기본급 없이 판매수당만 받는 외판원으로 취직한다. 그 외판원의 이름은 빌 포터다.

영화 〈도어 투 도어〉는 실존 인물 빌 포터의 인생 이야기다. 그는 믿음을 가지고 시련을 극복한 인물로, 24년간 매일 8시간 이상 포틀랜드의 주택가를 돌며 일했다. 그렇게 땀 흘린 결과 최고의 판매왕이 되었다. 빌 포터는 신문과 방송, 영화와 강연을 통해 자신의 인생을 알렸다. 2,000만 명 이상의 사람들이 빌 포터의 자기 확신과 의지에 감명받았다.

"인생에서 멈춤은 없다.
앞으로든 뒤로든 계속 나아가야 한다."

빌 포터의 말이다. 멈추지 않은 인생에서 계속 나아갈 수 있는 힘은 자기 확신에서 나온다. 빌 포터의 삶이 이를 증명한다. 그는 장애가 자신을 묶어두게 내버려두지 않았다. 바꿀 수 없는 삶의 조건을 그저 받아들였다. 받아들이고 나아갔다.

> "난 태어날 때부터 뇌성마비였어. 어머니 말씀으로는 의사가 사용했던 겸자라는 기구 때문에 출산할 때 뇌의 일부가 손상되었다는군. 앞으로 더 나빠지지도, 더 좋아지지도 않을 거야. 보다시피 이런 상태로 계속 가는 거지. 별거 아니야. 내 과거 일 뿐이지. 그것 때문에 특별히 힘든 것도 없고, 뇌성마비 때문에 문제될 것은 아무것도 없어. 나는 마음먹은 일은 뭐든지 할 수 있으니까."

빌 포터처럼, 누구나 마음먹은 일은 뭐든지 할 수 있다. 개천에서 용 날 수 없다고, 숟가락 성분 때문에 성공할 수 없다고 낙심하지 말자.

나는 초등학교 시절 반항과 품행불량으로 지적과 체벌을 많이 받았다. 그 때문에 어머니가 교무실로 자주 불려오셨고, 내가 때린 친구 어머니에게 맞기도 했다. 삼십대 후반, 성인이 되고도 분노를 제어하지 못해 때때로 대인관계에 문제를 일으켰다. 할 수 없이 정신과 상담을 받고 비용과 시간을 들여 정밀검사를 했다. 결과는 주의력결핍과잉행동장애, 즉 ADHD였다.

내가 어렸을 때는 ADHD라는 질환이 널리 알려지지 않았다. 문제를 일으키는 아이는 그저 문제아로 낙인찍힐 뿐이었다. 최근에 이

르러서 ADHD가 알려지고, 질환을 완화하는 약물치료와 대응방법이 소개되었다. 성장기 때 내가 ADHD라는 것을 알았다면 나는 환자로서 보호받았을지 모른다. 벌서고, 체벌받는 일이 없었을지도 모른다. 학창 시절 나는 손해를 본 것이다. 하지만 지금에 와서 돌이켜 보면 도리어 감사하다. 만약 일찍 ADHD라는 사실을 알았다면 나는 병을 핑계삼아 아무것에도 도전하지 않았을 것이다. 성적이 안 나와도, 입시와 취업에 실패해도, 결혼을 못 해도 '난 ADHD이니까' 하며 자포자기했을 것이다. 스스로 나를 제한하며 내 인생의 발목을 잡았을 것이다.

인생의 승리 요건은 조건이 아니라 믿음이다. 자기 확신이다. 자기 확신은 뇌성마비도, ADHD도 이긴다. 이어지는 장章에서 더 자세히 이야기하겠지만, 나는 ADHD로 주저앉지 않았다. 앞으로 나아가는 삶을 살았고, 살고 있다.

당신의 자녀에게 장애가 있는가? 장애가 없더라도 보기에 부족한 부분이 있는가? 보편적으로 부모는 아이가 점차 커가면서 아이의 장점과 매력보다는 단점과 부족한 부분을 더 크게 본다. 부모인 당신은 혹시 자녀에게 이렇게 말하고 있지 않은가?

"맨날 왜 이리 굼뜨니?"

"아유, 누굴 닮아서……."

"다른 친구 좀 봐라. 그게 글씨냐?"

"넌 매번 물을 엎지르는구나. 조심 좀 해!"

"도대체 연필 잃어버린 게 몇 번째야?"

부모가 아이에게 던지는 이런 말들은 자녀의 자기 확신을 죽인다.

그 유명한 머피의 법칙도 이런 과정에서 생겨났다. 미국의 항공 엔지니어 머피는 조수에게 부정적인 말을 자주 했다.

"저 녀석은 실수를 저지를 것 같다 싶으면 꼭 실수를 한다니까. 이번에도 사고 칠 줄 알았어!"

어느 날 머피 박사는 고속 로켓 썰매에 탄 사람의 몸에 센서를 부착하는 일을 조수에게 맡겼다. 머피 박사는 조수가 설마 센서를 거꾸로 붙이지는 않으리라 생각했다. 그런데 실제 그런 일이 벌어졌다. 이를 계기로 잘못될 가능성이 있는 일은 반드시 잘못된다는 머피의 법칙이 생겨났다. 부정적인 생각과 잦은 핀잔은 사람을 머피의 법칙에 빠지게 한다. 우리의 아이들도 예외일 수 없다.

아이를 향한 부정적인 시선과 언어를 거두자. 아이에게 엄마, 아빠의 신뢰를 심어주자. 그 힘으로 아이는 자기 확신을 가질 수 있고, 자기 확신의 힘으로 어려움을 이겨낼 수 있다.

믿을 만한 조건이 있어서 믿는 것이 아니다. '내 아이'이기 때문에 믿는 것이다. 부모가 자녀를 믿어주지 않는다면 누가 자녀를 믿어줄 것인가? 부모에게 믿음을 받지 못한 아이는 죽은 듯이 산다. 반면 믿어주는 사람이 한 명만 있어도 생기를 찾는다. 믿음은 아이에게 자기 확신을 심어준다. 자기 확신은 인생을 살맛나게 만든다. 교육이란 결국 한 사람의 인생을 행복하고 가치 있게 만드는 과정일 것이다. 누군가의 인생을 살맛나게 만들었다면, 그래서 행복하게 가치 있게 만들었다면, 그 교육은 성공한 것이다.

사육이 아닌
교육으로

"아버님, 교육이 아니라 사육을 하셨네요."

드라마 〈스카이캐슬〉에서 입시 컨설턴트 김주영은 공부 환경을 위해 빛과 소음이 차단된 방을 자랑하는 학생 아버지를 지적했다. 비록 악역으로 등장하지만 그녀의 말은 부모와 교사가 주목해야 할 내용이다.

"이 방이 아이들에게 위압감을 준다는 생각은 못 하셨습니까? 심리가 위축되면 뇌세포 활동이 현저히 둔화됩니다. 사고력, 응용력, 이해력, 창조력은 자유스러운 분위기에서 발휘됩니다. 이런 환경에서 아이들 성적이 오르길 기대하셨습니까?"

저승사자의 포스를 풍기는 검은 옷, 뒤로 완전히 넘긴 머리카락. 위압감을 주는 외모를 가진 그녀의 말은 공갈협박이 아니다. 전적으로 맞는, 팩트 폭격이다.

나는 건강과 문화에 관한 유튜브 채널 아보카도TV 영상을 제작하면서 컬러테라피 전문가를 인터뷰한 적이 있다. 컬러테라피티스트이자 네 아이의 엄마인 이미나 씨의 의견에 따르면, 공부방 인테리어 포인트로 노란색을 사용하면 아이들의 학습능력과 호기심 발달에 좋다고 한다.

독일 뮌헨에서 실시한 핸너 에스텔의 실험 결과도 이 의견을 뒷받침한다. 이 실험을 통해서도 노란색, 연두색, 주황색, 옅은 파란색을 가까이하는 아이들은 긍정적이고 지적이며 IQ가 올라가는 현상을 보였다. 반면 흰색, 갈색, 검정색 환경에 있는 아이들은 지능지수가 떨어졌다. 이들 정보를 접한 나는 아이들을 위해 오늘도 노란 바지, 연두색 티셔츠를 입는다.

나의 학창 시절 교실에서는 노란색을 비롯한 원색을 찾기 어려웠다. 대학 시절 토익시험을 보려고 방문한 중학교 교실도 다르지 않았다. 2년 전에 취학거부로 공교육 위원회의 호출을 받아 방문한 초등학교도 회색으로 기억한다. 공교육 학교가 세워진 약 150년 전부터 지금까지 학교 디자인은 거의 변하지 않았다. 사각형 건물에 작은 방. 그 정형화된 건물에 사람들이 모여 정해진 시간 동안 활동한다. 운동장이 있지만 역시 정해진 시간에만 사용할 수 있다. 그런 점에서 감옥과 학교는 비슷하다. 재소자와 학생의 처지 또한 크게 다를 바 없다.

감옥에서는 사고, 응용, 이해, 창조력을 기대할 수 없다. 감옥과 같은 학교에서도 마찬가지다. 또한 죄수가 바라는 것은 석방 또는

PRISON　　　　　　　**SCHOOL**

교도소와 학교는 모두 사육되는 공간이다.

탈옥뿐이다. 죄수의 처지와 다를 게 없는 학생들은 학교에 들어오는 순간부터 학교를 벗어나고 싶어한다.

학교 가기 싫다고 떼쓰는 아이들을 무작정 혼내는 것이 대수가 아니다. 가고 싶은 학교를 만드는 것이 우선이다. 교육행정가들은 학교 환경부터 바꿔야 한다. 학교 건물과 교실 환경이 바뀌지 않으면, 나는 자녀에 이어 손자도 학교에 보내지 않을 작정이다. 이건 협박이 아니라 항의다. 더 많은 부모들이 항의에 나서야 한다고 생각한다. 취학 거부한 아빠도 교실 환경에 대한 고민이 있는데, 매일 학교에 아이들을 보내는 학부모들이 고민하지 않는다면 문제가 있다. 전자제품 망가지면 곧장 A/S센터를 가면서 형편없는 교육 서비스에는 왜 잠잠한가? 교육청에, 교육부에 문제를 제기하자. 교육환경을 위한 툰베리가 절실히 필요하다. 우리 아이들은 사육이 아니라 교육을 받아야 하기 때문이다.

보쿠 시게코가 지은 《아이 능력 키우는 부모습관의 힘》에서 교육 전문가 호리 조이나는 다음과 같이 말했다.

"어린 시절엔 자신의 주변을 통해 배우는 것이 효과적입니다. 주변에서 배우면 오감이 자극을 받는 효과도 있습니다. 보고 듣고, 만지고 맛보며, 냄새를 맡으면서 때론 따라서도 해보는 것이지요. 7~8세만 되어도 다 큰 것처럼 보이지만, 이 연령대의 아이들은 여전히 직접 체험하며 배우는 효과가 큽니다."

초등학교 저학년 아이들의 뇌세포 활성을 위한 최적 환경은 교실 밖에 있다. 봄날 개나리와 진달래, 여름철 아카시아 나무, 가을 단풍과 은행잎은 교실 안에 없다. 교실 안에서는 계절을 느끼기 어렵다. 가상현실, 증강현실로는 계절 구현도, 체험도 불가능하다. 학교 가는 길에 마주치는 꽃 한 송이를 깊이 들여다보아야 할 아이들에게 칠판과 교과서를 바라보라고 하니, 답답한 노릇이다. 이런 환경에서 위대한 문학가, 예술가가 나오길 기대할 수 없다. 대한민국 교실은 〈죽은 시인의 사회〉이자 〈겨울왕국〉이다.

내 큰딸의 꿈은 작가다. 작가가 될 아이를 교실 안에 가둬서는 안 된다는 생각으로 우리 가족은 자주 시간을 내서 산책을 한다. 홈스쿨링은 집에만 머무는 교육이 아니다. 홈스쿨링 아이에게는 세상과 자연이 교실이다. 그 교실은 익숙한 것을 새롭게 보는 관점을 길러 준다. 문학과 예술은 그 관점에서 시작한다.

다리 밑을 지나는 시냇물 소리를 귀 기울여 듣는다. 이슬에 젖은 풀잎의 시큼하고 매운 향기를 맡는다. 엄마 오리가 갓 태어난 아기 오리들을 이끌고 헤엄치는 모습을 바라본다. 계절을 함께 천천히 바라보며 딸과 잡은 따뜻한 손을 느낀다. 여유로운 시간 속에서 입 안에 머금은 커피로 행복감을 맛본다.

언젠가 아이와 함께했던 산책의 단상을 적은 글이다. 나의 오감이 느낀 바를 적었다. 당신은 자녀와 함께 걷는 시간을 오감으로 표현할 수 있는가? 느낌 없는 시간은 죽은 시간이다. 자연을 묘사한 작가들은 직접 체험하고 느낀 것을 글로 적었다. 오감으로 세상을 체험하고 표현하는 사람을 우리는 예술가라 부른다.

오감을 체험해야 공감할 수 있다. 공감해야 세상의 아름다움을 믿을 수 있다. 위대한 문학작품들은 많은 사람들의 공감을 불러온 작품이다. 아이들의 공감능력이 떨어지는 이유는 오감 발달이 부족하기 때문이다. 우리는 오감 중 시각과 청각 두 가지에만 집중하고 있다. 바로 스마트폰이다.

오감 체험도 주지 않으면서 책을 읽으라고, 공부하라고 다그치니 아이들은 반발감으로 스마트폰에 빠진다. 부모는 자신이 편하려고 식사, 산책, 대화할 때조차 자녀에게 스마트폰을 쥐어준다. 스마트폰으로 아이를 사육한다. 사육당하는 아이는 시각과 청각만 활용한다. 시각과 청각만 발달되어 눈과 귀가 큰 외계인의 모습이 미래 인류의 모습이라고 추측하는 데는 이유가 있다.

아이들에게 세상의 아름다움을 씹고, 먹고, 마시고 즐길 시간이 없다. 눈과 귀로만 삼켜버리니 스마트폰 중독이 된다. 어른도 똑같다. 출근길 지하철을 타면 대다수의 사람들이 스마트폰에 사육된다. 스스로 눈 막고 귀 막은 사람들이 지하철에 가득하다. 오감 체험이 부족한 부모가 아이들에게 오감을 가르쳐줄 수 없다. 학교에는 시청각실만 있다. 촉각실, 후각실도 있어야 한다. 급식실에서 미각을 배운다고? 급식 맛집으로 유명한 프랑스인들이 비웃을 일이다.

관광지를 가족과 여유롭게 산책하다 보면 무리지어 빠르게 움직이는 아이들을 본다. 유치원과 학교에서 체험학습을 온 아이들이다. 체험이 학습될 수 있을까? 단체로 와서 줄 지어 가는 가운데 느끼고 생각할 수 있는 여유는 없다. 이런 체험학습에 익숙해지면 어른이 되어도 비슷한 스타일의 여행을 한다. 유명한 곳만 보고, 맛있는 음식을 먹는 것으로 여행을 소비한다. 감상은 없고 인증만 남긴다.

자연과 계절을 경험하는 것을 소풍과 수학여행에만 맡기는 것은 자녀에게 불행이다. 홈스쿨링은 오감발달을 위한 최적의 환경이다. 진짜 체험이 가능하다. 가족이 함께 차분하게 시간을 누리며 세상의 아름다움을 새길 수 있다. 나는 오늘도 아이들과 함께할 새로운 하루를 기대한다. 함께 걸으며 오감을 느낄 수 있다면 인생은 날마다 소풍이다.

대관령 양 떼 목장에서의 오감을 떠올려본다. 위로는 바다처럼 푸른 하늘, 아래로는 초록 들판을 흰색으로 수놓은 하얀 양 떼들이

스쳐간다. 양들이 머무는 헛간 안의 건초, 흙냄새와 양들의 배설물 냄새가 코끝을 간지럽힌다. 마른 풀을 내밀자 손바닥처럼 내밀던 양의 긴 혀의 감촉이 느껴진다. 행복한 것인지, 더 달라고 조르는 것인지 메에에 하고 우는 양의 울음소리가 들린다.

목장에서 오감으로 양을 느낀 아이는 진심으로 양을 공감할 수 있다. 양을 공감한 아이는 양치기에 관한 작품을 쓸 수 있고, 양털로 만든 울wool 제품에 관해 사업할 수 있고, 수의사가 될 수도 있다. 오리지널을 만들어낸다. 공감의 힘을 가진 사람만이 그것을 이룰 수 있다. 그런데도 계속 사육에만 힘쓸 것인가.

도둑질은 놀이가
아니라니까

"우리 예빈인 도둑질을 한 게 아니라 스트레스를 푼 거야."

드라마 〈스카이캐슬〉에서 도둑질한 딸을 변호하는 엄마의 대사
다. 중학생 예빈이는 학원 친구들과 상습적으로 과자를 훔친다. 아
이는 먹을 것이 없어 도둑질한 것이 아니다. 예빈이는 훔친 과자봉
지를 옥상에서 발로 밟으며 친구들과 불꽃놀이를 한다. 엄마 말대로
스트레스를 풀기 위해 도둑질을 한다. 과자 훔치는 현장을 목격한
엄마 친구는 예빈이를 편의점 점장에게 데려간다. 점장은 이미 계산
한 거라며 눈감아준다. 예빈이 엄마가 점장에게 미리 돈을 주고 딸
의 절도행각을 입막음한 것이다.

습관적으로 물건을 훔치는 예빈이의 도벽은 강박과 스트레스의
결과로 생겼다. 예빈이는 공부 잘하는 언니와 자신을 비교하는 엄마
때문에 스트레스를 받는다. 예빈이는 성적이 좋지 않다는 것 때문에

98% 부족한 딸로 살아간다. 엄마가 준 스트레스 때문에 물건을 훔친 예빈이의 양심도 망가졌다.

딸의 습관적인 도둑질을 스트레스 푸는 거라며 변명한 엄마는 자녀가 명문대학에 갈 수 있다면 뭐든 가능하다고 말한다. 큰딸 예서의 명문대 진학을 위해 시험지를 빼돌린 엄마의 행동은 그러한 가치관에서 비롯되었다. 딸과 엄마가 훔친 것은 과자와 시험지뿐만이 아니다. 그들은 우리 사회의 믿음을 훔쳤다.

염정아 씨가 연기한 엄마 한서진은 본명 곽미향을 숨기고 살아간다. 이름뿐 아니라 출신, 가정환경 등 본모습을 딸들에게조차 숨기며 살아가다 들키고 만다. 자녀를 속인 엄마는 자녀에게서 믿음을 훔친 것이다.

남을 속이는 것은 근본적으로 자신을 속이는 것이다. 거짓말은 복리로 불어난다. 곽미향은 한서진으로 이름을 속이기로 결심한 이후 출생지, 가정환경, 출신 대학도 속여야 했다. 행복과 성공을 위해 속였는데, 정작 자아를 잃어버렸다. 자기를 도둑맞았다.

존재 자체로 사랑받고 인정받으면 속임수는 사라진다. 그래서 자신에 대한 믿음이 가정에서 살아나고 회복되어야 한다. 부모는 그저 엄마, 아빠의 아들, 딸로 자녀를 인정하고 사랑하면 된다. 등수와 점수로 아이를 판단하지 말자. 부모에겐 자녀가 언제나 1등이어야 한다. 자녀는 유일하며 대체할 수 없는 특별한 존재이기 때문이다.

그런데 왜 자녀가 학생이 되면 특별함은 사라지고, 등수와 점수가 그 자리를 대신하는가. 왜 자녀는 성적으로 부모의 사랑을 구해야 하는가. 우리는 모두 존재 자체로 사랑받아야 한다. 우리에게는 그럴 자격이 있다. 모든 자녀는 그 자체로 100점이다. 낮은 성적은 도움받아야 할 이유이지 미움받을 이유가 아니다.

부모들이여, 이제라도 존재 자체로 자녀를 사랑하자.

"도둑질이 아니라 놀이라니까!"

이렇게 자녀를 변호한 엄마에게 말한다. 도둑질은 도둑질이라고. 스트레스 받았다고 도둑질이 용인될 수 없다고. 올바른 가치관을 도둑맞은 사회에서 제대로 된 교육이 이루어질 수 있을까? 그것은 가시나무에서 포도 열매를 기대하는 것과 별반 다르지 않을 것이다.

더불어 이렇게 묻고 싶다.

"곽미향 씨, 도둑질 말고 좋은 놀이는 없었나요?"

있다. 엄마가 놀이를 충분히 제공하지 않았을 뿐이다.

EBS 다큐멘터리 〈놀이의 힘〉은 하루 평균 여가시간 49분, 하루 평균 학습시간 6시간 49분이라는, 대한민국 초등학생의 비참한 현실을 보여준다. 이토록 지독하게 공부해도 갈 수 없는 영국 케임브리지대학교 놀이 발달연구소장 데이비드 화이트 브레드는 말한다.

"인간이 이렇게 진화할 수 있었던 이유는 놀이에 대한 자유를 허용했기 때문이다. 놀이는 다양한 인간 발달에 있어 중심적인 역할을 한다."

데이비드 화이트 브레드는 한 가지 더 인상적인 말을 남겼다.

"한국 아이들 좀 놀아야 한다."

대한민국이 항상 부러워하면서도 좋은 사례를 적용하지 않는 핀란드 교육도 놀이에 대해 한 마디 보탠다.

"교육의 목적은 스스로 배울 수 있는 힘을 키워주는 것이다. 그 힘을 길러주는 최고 교육은 놀이다."

교육방송에서, 영국과 핀란드에서 아무리 놀라고 외쳐도 변화를 기대하기 힘들다. 대한민국 부모가 자녀에게 하는 말은 언제나 변함없다.

"이제 그만 놀고 공부해야지."

진짜 놀이 대신 가짜 놀이인 스마트폰에 빠진 아이들은 악플을 달고, 사이버 왕따를 시킨다. 보면 안 되는 것들을 탐닉한다. 스마트폰 놀이의 슬프고 안타까운 현실이다.

건강한 대한민국을 위해 아이들에게 건강한 놀이를 주자. 놀아도 문제없다는 믿음을 심어주자. 건강하게 놀아야 성공한다는 믿음이 부모에게 필요하다. 내가 아이들과 노는 이유도 여기에 있다.

"얘들아, 우리 신나게 놀아보자!"

엄마는 나를
이렇게 키웠어요

"내가 너를 어떻게 키웠는데!"

역시 〈스카이캐슬〉에 나오는 대사이다. 비단 〈스카이캐슬〉뿐 아니라 여타 드라마나 영화에서 자녀 성공에 집착한 엄마들이 비장한 톤으로 내뱉는 대사이기도 하다. 또한 자녀를 존재 자체로 인정 못하는 대한민국 엄마들의 보편적인 말이기도 하다.

드라마 〈스카이캐슬〉은 명문대 입학의 열기에 휩싸인 대한민국 교육을 다루고 있다. 지금의 입시 열풍은 과거로부터 비롯되었다. 드라마에서 학부모로 등장하는 예서 아빠도 한때는 아들이며 학생이었다. 예서 할머니가 아들을 어떻게 키웠는지 살펴본다면 입시 열풍의 기원을 이해할 수 있을 것이다.

배우 정준호가 연기한 강준상은 대한의사협회 회장을 맡았던 아버지와 피아노를 전공한 어머니의 외동아들로 등장한다. 현실에서 흔히 찾아볼 수 없는 완벽한 명문가의 금수저다. 그는 학력고사 전국 1등 출신으로 서울대 의대를 졸업했으나, 수련의 과정을 서울대에서 마치지 못해 그보다 낮다고 여겨지는 주남대학교로 내려온다. 강준상은 한 번의 실수, 하나의 선택이 인생의 가장 큰 오점이라는 착각에 빠진다. 이 착각이 불행을 만든다.

순간의 선택이 10년을 좌우합니다.

1966년 LG전자는 국내 최초로 TV를 생산하면서 신문 광고에 위와 같은 문구를 실었다. 가전제품에나 해야 할 말을 아이에게 하면 아이는 불행해질 수 있다. 단 하나의 선택으로 인생이 뒤집힌다는 거대한 착각에 대한민국은 빠져 있다. 출신 대학 이름 하나만으로 인생이 달라질 수는 없다. 대학수학능력시험에서 정답을 마킹하는 모습이 복권번호를 칠하는 모습과 닮았다. 점수에, 등급에 인생이 걸렸다고 주변에서 위협하니, 아이는 불안해진다. 불안한 마음을 달래고자 신경쇠약에 걸릴 정도로 쉼도 없이 공부에 열중한다. 두려움에 기반한 공부는 성인이 된 다음 업무에도 똑같이 적용된다. 열정적이고 즐겁게 공부하지 못한 아이는 노예처럼 일하는 어른이 된다. 누리지 못하는 실패한 인생을 산다.

철학자 폴 투르니에는 〈모험으로 사는 인생〉에서 실패심리학을 언급했다.

"성공하려는 조바심이 결국 성공하지 못하게 막는 것이다. 어떤 사람이 이 악순환의 고리에 빠져들었다 하면, 실패에 대한 두려움과 불안은 더 커질 것이다. 불안은 두려움을 자아낸다. 두려움은 영혼을 마비시켜 기를 꺾어 놓고, 기쁨을 빼앗아 가고, 생명력을 죽이며, 자기중심적인 태도를 심고, 마음을 사로잡아 모험으로부터 멀어지게 만든다."

다시 〈스카이캐슬〉의 대사로 돌아간다.

"내가 너를 어떻게 키웠는데?"

자녀가 불안의 악순환에 빠지도록 키운 것은 아닌가 되돌아보자. 성공을 빌미로 자녀를 입시지옥에 내몰고, 그래서 자녀를 불안에 빠뜨리는 일은 우리 세대에서 그만 멈추면 어떨까? 그러려면 부모가 먼저 불안을 떨쳐내야 한다. 좋은 대학에 가지 못하면 자녀가 성공하지 못할 것이라는 불안을 버려야 한다. 아이의 등수와 성적이 인생을 결정하는 것이 아니라며 마음을 다잡아야 한다.

〈인생은 마라톤이 아니야〉라는 일본 광고가 있다. 영상은 마라톤 선수들이 즐비한 거리를 보여준다. 광고 초반부를 보면 인생은 마라톤이라고 하는 것 같지만 반전이 있다.

"아니야. 인생은 마라톤이 아니야."

한 남자가 외치면서 유쾌한 반전이 시작된다. 도로를 달리던 마라톤 주자들이 강물에 빠지고, 숲으로 향하고, 오토바이를 얻어 타기도 한다. 스카이다이빙을 하고, 웨딩드레스를 입은 신부의 손을 잡기도 하며, 바다 위 요트를 타기도 한다. 마라톤 주자들이 도로에서 벗어나 제 갈 길을 가는 동안 대사는 이어진다.

어디를 향해도 좋아.
자기만의 길이 있어.
우리들이 아직 만나보지 못한 세상은
터무니없이 넓어.
고민하고 고민해서
끝까지 달려나가는 거야.
돌아가도 좋아.
누구랑 비교 안 해도 돼.
결승점은 하나가 아니야.
그건 인간의 수만큼 있는 거야.

광고 멘트를 응용해서 나도 메시지를 하나 던진다.

모든 인생은 훌륭하다.

모든 아들, 딸은 훌륭하다. 그냥 아들, 그저 딸. 그것만으로도 충분히 사랑받을 가치가 있음을 인정하고 믿어야 한다. 부모의 그 믿음을 기반으로 아이는 세상을 배운다. 이겨나간다. 부모의 전적인 믿음을 얻지 못하고 자란 아이는 비록 어른이 되어 성공한다 해도 행복하기 어렵다. 성공가도를 달리던 중 실패를 맛보면 좌절하기 쉽다. 좌절감을 해소하기 위해 일탈하고, 심지어 범죄를 저지르기도 한다.

존재로서의 자녀를 신뢰하자. 그 신뢰는 자녀를 행복에 빠지게 만든다. 모든 자녀의 인생은 훌륭하다.

양치기 소년 vs 조지 워싱턴

양치기 소년 부작용이 있다.
거짓말을 했으니 죽어도 된
다는 논리를 아이가 당연하
게 여길 수 있다. 타인이 거
짓말을 했다고 비판하는 아
이가 될 수 있다. 거짓말을

하면 죽을 수도 있다는 강박증이 생길 수 있다. 양치기 소년 이야기로 정
직과 신뢰를 가르칠 때는 이러한 부작용을 염두에 두어야 한다.

정직과 신뢰를 교육하기 위해 조지 워싱턴의 벚나무 이야기를 추천한다.
미국 초대 대통령 조지 워싱턴은 어린 시절, 아버지의 지시를 받아 도끼
로 나무 자르는 일을 맡았다. 실수로 벚나무를 베었는데 혼날까봐 감추
었다. 아들이 벚나무를 벤 것을 알았지만 아버지는 일부러 모른 척하며
워싱턴을 칭찬했다. 이에 워싱턴은 정직하게 아버지에게 사실을 알렸다.
살다 보면 누구나 거짓말을 할 수 있다. 거짓말을 뉘우치며 솔직하게 고
백하는 것이 중요하다. 그래야만 인간관계에서 상호간 믿음이 깊어진다.

chapter 2

〈달콤한 인생〉
그리고 관계

사람에겐
사람이 필요하다

_ 타고르

우리 어떻게 하다
이렇게 된 거죠?

영화 〈달콤한 인생〉은 조직폭력배 부하와 두목의 깨진 관계에 관한 이야기이다. 부하로 나오는 김선우는 배우 이병헌이, 두목으로 나오는 강 사장은 배우 김영철이 연기했다. 비록 큰 흥행을 거두지는 못했지만 배우들의 명연기와 서정적인 장면으로 인해 우아한 누아르, '우아르'라는 평을 받는 영화다.

영화의 도입부, 김 실장이라 불리는 김선우는 호텔 카페에서 달콤한 초콜릿 케이크를 우아하게 떠먹는다. 영화의 제목과 어울리는 장면이다. 초콜릿을 한입 떠먹던 김 실장은 금세 불청객에 의해 쓴맛을 보게 된다. 〈달콤한 인생〉은 해외에 'A Bittersweet Life'로 소개되었다. 달콤 씁쓸한 인생이다. 인간관계에서 우리는 인생의 단맛과 쓴맛을 모두 경험한다.

김선우는 호텔의 힘한 일을 책임 있게 감당하여 보스의 신뢰를 받는다. 강 사장은 신뢰하는 김선우에게 해외 출장 전 사적인 일을 맡긴다. 보스의 젊은 애인을 감시하는 임무다. 그러나 임무 중 실수를 저지른 김선우는 강 사장과 관계가 틀어진다. 강 사장은 신뢰하던 부하 김선우를 죽이려 한다. 그러나 김선우의 저항에 부딪치고 오히려 부하에게 목숨을 잃을 처지에 놓인다.

"우리 어떻게 하다 이렇게 된 거죠?"

보스를 위해 인생의 쓴맛을 참아가며 살아온 김선우가 던진 질문이다. 많은 자녀들이 부모에게 하고 싶은 질문이기도 할 것이다. 부모와 자녀 관계, 우리 어떻게 하다 이렇게까지 된 걸까?

대한민국 부모 자녀의 관계는 처참한 수준이다. 2018년 초록우산어린이재단이 국내 초중고생 571명을 조사한 결과에 따르면, 하루에 가족과 보내는 시간이 평일 기준으로 13분에 그쳤다. 하루 중 1%도 되지 않는 시간이다. 대화할 시간이 이토록 부족한데도 대화 주제는 한정되어 있다.

"학원에 잘 도착했니?"

"숙제했냐?"

"게임은 1시간만 해라."

여기서 크게 벗어나지 않는다. 부모는 질문을 가장한 명령과 직접적인 명령만 하고, 자녀는 순응 또는 반항의 단답형 대답만 한다. '응'도 쓰기 귀찮아서 'ㅇㅇ'으로 대신한다. 생산적인 대화가 이뤄지지 않으니 깊이 있는 관계가 생겨날 리 없다.

가족이니까 다 안다고 착각하는 교만한 마음이 관계에 균열을 일으킨다. 성서에 따르면 인류 최초의 부부는 아담과 하와다. 인류 최초의 범죄는 금지된 선악과를 먹은 것이다. 이 범죄의 원인은 부부 사이의 대화 부족이다. 하와가 뱀에게 유혹 당하기 전, 아담과 상의를 했더라면 어땠을까? 하와는 선악과를 먹기 전에 뱀과 가장 오랫동안 대화하고 잘못을 저지른다. 반드시 상의해야 할 남편이 아닌 엉뚱한 상대와 대화해서 잘못된 선택을 한다. 아담도 하와에게 정황을 묻지 않아서 인류사에 두 번째로 선악과를 먹은 사람으로 기록된다. 그리고 두 사람은 서로에게 잘못을 미룬다. 부부의 관계가 금이 가는 순간이다. 선악과를 먹은 아담과 하와는 에덴동산에서 쫓겨난다. 아담과 하와는 이렇게 신과의 관계마저 단절되고 만다.

대화 부족 문제가 아담과 하와에게만 있을까? 대한민국 부부들은 대화가 충분할까? 자신 있게 "예" 하고 대답할 수 있는 부부는 많지 않을 것이다. 관계 회복이 필요하다. 부부를 뜻하는 '배우자配偶者'의 한자 뜻을 풀어보면 '짝 지은 사람'이다. 부부는 평생 함께하는 짝꿍이다. 인류 최초로 배우자를 선물 받은 아담도 이렇게 외쳤다.

"드디어 나타났구나! 내 뼈에서 나온 뼈요, 내 살에서 나온 살이로구나."

이런 마음을 계속 지켜간다면 부부의 관계는 늘 끈끈할 것이다.

관계를 잘 유지하려면 배워야 한다. 가장 가까운 배우자와의 관계 역시 배움이 필요하다. 배우자配偶者를 배우자. 부부에 대해 배우

자. 결혼제도 자체가 결코 부부 관계를 보장하지 않는다. 결혼 이후 연애할 때처럼 서로를 알아가는 노력이 부족하기 쉬운데 더 많은 노력이 필요하다. 다 잡은 물고기에 먹이를 주지 않는다는 속담을 배우자에게 적용해서는 안 된다.

부부 관계가 온전할 때 부모와 자녀 관계도 온전해진다. 나는 자기 전에 두 딸들을 마사지한다. 쑥쑥 자라기를 바라는 마음으로 때론 오일까지 발라가며 정성껏 온몸을 주무른다. 아이들의 작은 발이 귀여워서 입을 맞추기도 한다. 그 모습을 바라본 아내는 질투가 났는지, 장난기가 발동했는지 내 입에 발을 내밀었다. 난 순간 입을 치웠다. 그 모습을 본 큰딸이 울었다. 아빠가 엄마를 사랑하지 않는 것 같다면서. 아내 발에 겨우 내 입을 대고 딸을 달랬다. 그리고 생각했다. 부부 사랑이 자녀 관계보다 우선이라는 것을. 그래도 아내의 발에 입을 대기는 쉽지 않다. 그래서 최고의 존경과 사랑을 드러내는 표현이 발에 입 맞추는 행위인 것일까?

후회할 때가 오기 전에 부부, 자녀와의 관계를 회복하자. 어떻게 하면 관계를 회복할 수 있을까? 그 전에 무엇이 가족 관계를 무너뜨렸는지 살펴봐야 한다. 진정성 있는 관계를 깨뜨리는 것은 '이룰 수 없는 달콤한 꿈'이다.

이룰 수 없는
달콤한 꿈

어느 깊은 가을 밤, 잠에서 깨어난 제자가 울고 있었다. 그 모습을 본 스승이 기이하게 여겨 제자에게 물었다.

"무서운 꿈을 꾸었느냐?"

"아닙니다."

"슬픈 꿈을 꾸었느냐?"

"아닙니다. 달콤한 꿈을 꾸었습니다."

"그런데 왜 그리 슬피 우느냐?"

제자는 흐르는 눈물을 닦아내며 나지막이 말했다.

"그 꿈은 이루어질 수 없기 때문입니다."

영화 〈달콤한 인생〉에서 인용하는 스승과 제자의 대화다. 슬픈 꿈이 아니라 달콤한 꿈 때문에 눈물을 흘린다고 제자는 스승에게 말한다. 이룰 수 없는 꿈이기 때문에 우는 것이다. 영화 속에서 이병헌이 연기하는 김선우는 보스의 여자친구를 마음에 품는, 이룰 수 없는 꿈을 꾼다. 이로 인해 관계가 깨지고 인생은 나락으로 떨어진다.

당신은 어떤가? 이루지 못할 달콤한 꿈으로 좌절한 적은 없는가? 눈물 흘린 적은 없는가? 부모인 당신은 아이들을 바라보며 달콤한 꿈을 꾸고 있지는 않은가? 아이의 입에서 달콤한 엄마 젖냄새가 나는 그때로 시간을 되돌려보자. 갓 태어난 아기를 바라보는 당신, 방긋 웃거나 새근새근 잠드는 아기를 바라보는 당신은 아기에게 거창한 꿈은 품지 않았을 것이다. 그저 건강하게만 자라길 바라는, 담백한 꿈만 있었을 것이다. 그러나 엉금엉금 기고, 걸음마를 하고, 말하기 시작하는 아이를 지켜보며 부모의 꿈은 점점 부풀어 오른다. 아이의 성공이라는 달콤한 꿈을 꾸게 된다.

그 달콤한 꿈이 이룰 수 없는, 무엇보다 자녀가 원하지 않는 꿈이라면, 부모는 그 꿈을 접어야 한다. 그것을 이루기 위해 애쓰면 자녀와의 관계는 균열되고, 꿈만 신기루처럼 뜨고 만다.

중학교 1학년 남학생 5명이 체험학습을 위해 우리 회사를 방문한 적이 있었다. 촬영 스튜디오에서 인증샷을 찍는 등 명목상의 체험학습을 진행하려고 했다. 아이들은 촬영장비와 조명기 등을 궁금한 듯 두리번거렸다.

일일 교사인 나도 아이들에 대해 궁금한 점이 생겼다. 이 아이들의 꿈은 뭘까? 중학교 남학생들을 바라보자 그 나이 때의 내가 생각났다.

'내 꿈은 무엇이었을까?'

열네 살인 당시 흥얼거렸던 〈덩크슛〉이란 노래가 떠올랐다.

덩크슛, 한 번 할 수 있다면

이 노랫말처럼 20여 년 전 과거의 나는 그저 덩크슛을 하는 게 꿈이었다. 내게 다시 묻는 마음으로 내 앞에 서 있는 아이들에게 물었다.

"너희들은 꿈이 뭐야?"

아이들은 저마다 꿈을 이야기했다.

"수의사요."

"치과의사요."

"군인이요."

"디자이너요"

그 꿈을 이루고 싶은 이유는 모두 비슷했다. 안정적인 수입, 사회적 지위였다.

아이들의 꿈을 들은 내가 물었다.

"너희들의 말한 꿈의 공통점이 뭐지?"

머뭇거리는 아이들 대신 내가 대답했다.

"'직업'이라는 명사. 그게 너희 꿈의 공통점이지."

우리 세대 역시 꿈을 물으면 대통령, 의사, 판사, 변호사, 교사, 군인, 과학자 등의 직업으로 대답했다. 명사형 꿈인 것이다 일일 교사인 내가 반문했다.

"네 꿈을 동사형으로 말해볼래?"

아이들이 우물쭈물 하기에 힌트를 주었다.

"수의사에게 가장 필요한 가치, 동기가 무엇일까? 동물에 대한 사랑이지. 그렇다면 수의사가 아닌 동물조련사나 동물애호단체에서 일하는 것으로도 그 꿈을 이룰 수 있어. 그것도 너무 거창하다면 개나 고양이를 키우는 것만으로도 꿈을 이룰 수 있을 거야. 개통령이라 불리는 강형욱 씨는 개를 사랑한다는 동사형 꿈에서 시작했음을 기억해."

힌트가 나오자 아이들은 조금씩 동사형 꿈을 이야기하기 시작했다.

"군인은 누군가를, 무언가를 지키는 사람이에요."

"디자이너는 세상을 아름답게 하는 사람!"

"치과의사는 다른 사람을 건강하게 하는 사람이라고 할 수 있겠죠?"

동사형 꿈을 잃지 않으면, 군인은 소방관이 될 수도 있고, 디자이너는 조경사가 될 수도 있다. 치과의사는 피트니스 트레이너가 될 수도 있다. 물론 둘 다 할 수도 있다. 동사형 꿈을 꾸면 선택의 폭이 넓어진다.

많은 사람들이 동사형 꿈이 없기에 꿈은 '직업'이라는 명사형으로 추락했다. 추락한 명사형 꿈은 성적, 통장잔고, 아파트 평수 등의 숫자로 산산조각이 났다. 동사형 꿈만이 꿈이 추락하는 것을 막을

**별 B02.
사업가가 사는 별**

이 별에 사는 사람은 얼마나 바쁜지
어린 왕자가 왔는데도
고개조차 들지 않았다.

"자 그럼 5억162만 2,731이로구나."

"뭐가 5억인데요?"

수 있다. 소설 《어린왕자》에 나오는 사업가가 사는 별이 떠오른다. '사업가'라는 명사형 꿈을 이룬 별의 주인은 별만 세다가 별 볼일 없이 인생을 마감한다. 한 번뿐인 인생을 이렇게 사는 것은 불행이고 비극이다. 이 비극이 만연한 것이 이 시대의 현실이다.

나 역시 '영화감독'이라는 명사형 꿈에만 집착하다가 그 꿈을 이루지 못해 방황하는 시간을 보냈다. 다시 찾은 내 동사형 꿈은 '이야기를 만드는 것'이다. 이야기를 만드는 동사형 꿈 안에 영화감독도, 작가도, 잠자리에서 아이들에게 책을 읽어주는 아빠도 있다. 이 꿈은 날마다 이루어진다.

여러분은 어떤가? 아직도 명사형 꿈을 이루지 못해 좌절하고 있는가? 자신과 당신의 자녀에게 동사형 꿈을 묻고 답해보자. 처음에는 난감하겠지만, 동사형 꿈을 묻고 답하면서 행복한 미소를 지을 수 있다. 어쩌면 잃어버린 꿈을 발견하고 감격의 눈물을 흘릴지도 모른다. 꿈은 직업이나 고민거리가 아닌 행복이 되어야 한다. 꿈을 통해 부모와 자녀 관계가 각별해진다. 서로 격려할 수 있기 때문이다.

2019년 대한민국 사회지표를 보자. 자신의 삶에 만족한다는 사람의 비중은 60.7%, 자신의 일이 가치 있다고 생각하는 사람은 63.9%이다. 높다고는 볼 수 없는 수치이다. 이 통계 역시 전년도인 2018년보다 각각 3.0%, 4.0% 떨어진 것이다.

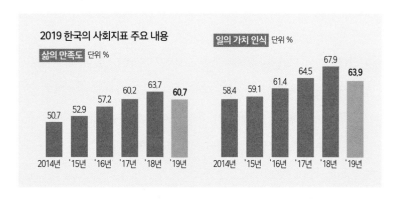

2019 한국의 사회지표 주요 내용

삶의 만족도 단위 %					
50.7	52.9	57.2	60.2	63.7	**60.7**
2014년	'15년	'16년	'17년	'18년	'19년

일의 가치 인식 단위 %					
58.4	59.1	61.4	64.5	67.9	**63.9**
2014년	'15년	'16년	'17년	'18년	'19년

꿈을 이루기 위해 하기 싫은 공부를 참고 견뎠지만, 인생이 무르익을 시기인 사십대의 행복도는 60.5%에 불과하다. 동사형 꿈을 잊은 채 명사형 꿈에만 집착하며 살아온 결과다. 명사형 꿈에 집착하면 꿈의 범위도 너무 좁아지고, 이룬다 한들 그 유효기간이 짧아진다.

다시 학생들의 이야기로 돌아가자.

"저는 꿈이 없어요."

5명 중 4명의 아이들이 직업 대신 동사형 꿈을 이야기하는 동안 한 남학생이 꿈이 없다고 고백했다. 타인의 속마음을 열고 말문 트이게 하는 사람이 다큐멘터리 감독이다. 나는 그런 다큐멘터리 감독이기에 인터뷰를 포기하지 않았다.

　"넌 꿈이 뭐니?"

　"없다니까요."

　인터뷰의 요령은 재촉이 아니다. 기다림이다. 기다림 끝에 꿈이 없다고 우기던 아이의 꿈을 들을 수 있었다.

　"사실은요, 제 꿈은 과학자였어요."

　"그런데 왜 포기했어?"

　"지금 제 성적으로는 영재고나 과학고에 갈 수 없어요."

　"너, 몇 등인데?"

　"전교 7등이요."

　5명 중 가장 높은 성적이었다.

　"근데 왜 과학자가 될 수 없어?"

　"영재고나 과학고에 갈 수 없으면 카이스트나 서울대에 갈 수 없으니까요."

　"그건 과학자가 아니라 학벌 좋은 사람이잖아."

　14세 남자아이는 과학자가 될 수 없는 이유를 과학고나 영재고, 카이스트, 서울대에 갈 수 없기 때문이라고 대답했다. 아이는 표준화된 시험 속에서 살아온 어른들, 교사들의 영향으로 꿈을 잃어버린 것이다. 정작 자신도 과학자가 되지 못했으면서 그 꿈을 무참히 짓

밟는 부모, 교사가 많다.

'대학만 가면'

이 한마디 말 때문에 아이들은 지금도 독서실, 학원 등불 아래서 꿈을 찾아 방황하고 있다. 서태지와 아이들의 〈교실 이데아〉를 불러 대며 대학이 소용없다고 했던 나의 중학시절의 모습이 20년의 세월이 흘러 마주한 21세기의 중학생의 모습과 흡사해서 비통함을 느꼈다. 학벌 위주의 대한민국은 변한 것이 하나도 없었다.

과학자의 꿈을 포기했다는 아이에게 물었다.

"카이스트, 서울대 공대를 나오면 다 과학자가 될까?"

아이는 선뜻 대답하지 못했다.

"과학자의 동사형 꿈은 뭘까?"

이 질문에는 한참 고민하다가 조심스레 입을 열었다.

"미래를 만드는 사람이요."

아이는 놀랍게도 눈을 반짝였다. 인터뷰가 성공한 것이다.

무거운 주제의 이야기는 가볍게 마무리하는 것이 좋다. 그래서 나는 이렇게 마무리 멘트를 했다.

"미래를 만드는 동사형 꿈은 아빠가 되는 것만으로도 이룰 수 있어. 아인슈타인도 노벨상 받았을 때의 기쁨보다 첫딸을 얻었을 때의 기쁨이 더 컸을걸?"

중학교 남학생들과 나는 함께 웃었다. 저출산 시대에 아이들이 미래를 만드는 사람이 되길 빈다.

"마지막으로 질문 있는 사람?"

나의 추가 질문에 군인이 되고 싶다던 키 작은 소년이 옆 친구를 쿡쿡 찌르며 소곤거렸다.

"야, 물어봐."

도대체 궁금한 게 뭔데 친구에게 미룰까? 그 생각을 하는 사이 씁쓸한 질문이 날아들었다.

"아저씨, 대학 어디 나왔어요?"

아이들 눈에는 창업을 하려면 적어도 좋은 대학을 나와야 한다는 생각이 들었나 보다. 나는 한참 어린 아이들 앞에서 이력서에 숱하게 적어낸 대학 이름을 공개했다.

"거봐, 맞잖아."

스카이가 아니기에 자랑스럽게 생각하지 않았던 내 출신 대학이 아이들 눈에는 마냥 부러워 보였나 보다. 그래도 '인서울in Seoul'이라서? 아무튼 한참 동안 동사형 꿈을 얘기했건만, 여전히 아이들의 눈앞 꿈은 대입이라는 사실에 마음이 제법 무거웠다.

버릴 수 없는 스카이와 인서울의 꿈. 대학입시에 수십 년간 집중하고 투자해온 대한민국 교육이 금세 바뀔 수는 없다. 그러나 반드시 '대학민국'은 '대한민국'으로 거듭나야 한다. 학위증이 주는 신기루에서 벗어나야 한다. 아이들이 대학 순위와 학위를 남과 비교하는 헛된 꿈에서 벗어나 진정한 자신의 꿈을 찾아갈 수 있기를 소망한다.

중학생들에게 동사형 꿈을 묻고 그들의 대답을 들으면서 나의 꿈을 되새겨볼 수 있었다. 이야기를 만드는 사람. 이 책을 쓰고 있는 지금, 영화감독이라는 명사형 꿈에 나를 제한하지 않고 날마다 꿈을 이루고 있음에 행복하다.

학교로 돌아간 아이들에게서 반가운 소식을 들었다. 체험학습 소감으로 동사형 꿈을 주제로 글을 써서 상을 받았다는 소식이다. 소년아, 미래를 만들어라. 그리고 꼭 아빠가 되어라. 그것이 가장 달콤한 꿈이다. 이룰 수 있는.

넌 나에게
모욕감을 줬어

영화 〈달콤한 인생〉에서 부하인 김선우를 죽이려고 했던 이유를 보스인 강사장이 말한다.

"넌 나에게 모욕감을 줬어."

많은 부모들이 자녀의 낮은 시험 성적과 수능 등급 때문에 모욕감을 느낀다. 모욕감에서 벗어나기 위해 부모는 자녀와의 관계를 포기하고 공부만 강요한다.

나는 수능 등급제 세대가 아니다. 400점 만점에서 총점을 기준으로 대학입시를 준비하던 세대다. 당시의 내 성적을 현재의 등급제로 한다면 각 과목별로 몇 등급이나 될까 생각해보았다. 언어와 외국어는 아마도 상등급, 수리영역은 중하등급으로 예상해본다. 그렇지만 적어도 9등급은 아니라고 자부할 수 있다. 성적으로, 등급으로 부모님에게 모욕감을 주지는 않았다. 성적으로 치면 효자까지는 아니더라도 불효자라고 할 수는 없다.

최근 은행직원에게 등급으로 모욕감을 받은 적이 있다. 마흔이 되어 9등급을 받았다. 바로 부동산신용 등급이다. 아내와 둘이 살던 집에 아이를 둘 낳고 살면서 인구가 2배 늘었다. 더 넓은 집으로 이사를 가기 위해 찾아간 은행에서 말해준 9등급. 신용 등급과 부동산 신용 등급이 별개로 있다는 것을 이번에 처음 알았다. 은행직원한테 9등급이라는 통보를 받았을 때 비참함을 느꼈다. 소고기 등급이 2~3등급만 돼도 저렴한 느낌이 나는데, 9등급이라니. 1등급 한우를 먹는다고 풀릴 수 없는 마음이다.

대출받을 때마다 신용정보회사에서 변동사항이 있다고 오는 문자메시지와 메일은 극심한 스트레스를 준다. 학창시절, 성적표를 받을 때와는 비교할 수가 없다.

네 성적표가 집 평수와 신붓감 외모를 좌우한다.

학창시절에 열공을 위한 고전적인 충고를 겸손하게 받아들였다면, 지금 나는 신용 1등급이 되어 있을까. 그럴 수도 있겠지만 안 그럴 수도 있다. 중요한 점은 수능 등급이 신용 등급과 같을 수 없고, 신용 등급이 삶의 등급과 같을 수 없다는 사실이다.

당신의 삶의 등급에 변화가 발생했습니다.

이런 문자나 메일은 누구에게서도 받을 수 없다. 그러나 우리는 암묵적으로 알고 있다. 대한민국 국민의 삶의 등급은 매우 낮다는 것을. 경쟁에 치우치고 명사형 꿈에 얽매인 사람들에게서 높은 삶의 등급은 기대하기 어렵다.

삶의 등급은 어떤 요소로 이루어져 있을까? 신용 등급은 개인의 자산, 수입, 대출, 카드이용량 등으로 이루어져 있다. 삶의 등급은 '날' 소중히 여기는 가족과 친구들, 그들과 함께 보내는 시간, 자발적으로 쓸 수 있는 시간, 배려하고 베푸는 마음, 작은 것에 감사하는 마음 등에 따라 달라질 수 있다.

내 부동산 신용 등급이 9등급이라고 삶의 등급까지 9등급일 수는 없다. 비록 넓지 않은 집에 살고, 통장잔고는 겸손하지만, 그것이 내 삶의 행복을 좌우하지는 않는다. 삶의 등급을 추락시킬 수는 없다. 물론 더 넓은 집, 좋은 차, 넉넉한 금융자산이 나에게 있다면 지금보다 여유로운 삶을 누릴 수는 있을 것이다. 하지만 물질적 여유가 곧 높은 삶의 등급으로 직결되지는 않는다.

수능 등급도 마찬가지다. 자녀의 높은 수능 등급이 삶의 등급을 보장하는 것은 아니다. 반면 낮은 수능 등급이 삶의 등급을 깎아내리는 것도 아니다. 그러므로 부모는 자녀의 성적 때문에 모욕감을 느낄 필요는 없다. 당연히 자녀에게 모욕감을 주어서도 안 된다. 모욕을 느끼는 마음, 모욕을 주는 행위는 부모와 자녀 모두의 삶의 등급을 무너뜨린다.

아름다운
갑을 꿈꾸며

홈스쿨을 '낭만 스쿨'이라 여기기 쉽지만 실상은 그렇지 않다. 학교 다니는 것을 직장생활로 비유한다면 홈스쿨은 자영업이다. 학교에서는 매달 입금되는 월급처럼 꼬박꼬박 진도는 나가지만, 홈스쿨은 하는 만큼 배운다. 그러니 거창하게 말하면 기업가 정신, 거칠게 말하면 '깡'이 필요하다.

나는 4년 전 적은 월급이나마 받고 있던 직장을 그만두고 창업을 했다. 십수년 동안 현장에서 영상을 제작했던 경험을 기반으로 '미라클스토리'라는 회사를 시작했다. 아이템은 영상자서전이었다. 주로 제작했던 작품들이 대다수 인터뷰 중점의 다큐멘터리 영상과 영화였기 때문이다. 그간의 노하우로 이야기가 유산이 되는 가치 있는 사업을 시작하고자 했다.

시나리오 작법, 기획, 촬영, 편집 등 '작업'에만 익숙했던 나는 '사업'에 발을 내딛자 사업현장이 진정한 정글임을 금방 알게 되었다. 아무리 가치 있는 아이템이라도 수익을 내지 못하면 업무를 접어야 했다. 게다가 영상자서전은 대다수가 개인고객이기에 수입도 일시적이며 액수 또한 크지 않았다.

크고 작은 시행착오를 거치면서 나는 단순 자막을 입히는 일, 안주거리 영상, 홈쇼핑 요매트 영상, 기업홍보 영상 등에 이르기까지 돈 되는 일들이 찾아오면 가리지 않고 했다. 자존심도 무척 상했다. 월급날만 기다리며 시키는 일만 했던 시절이 차라리 호시절이었다. 적은 금액을 받으며 이 정도까지 해야 하냐는 의문이 끊이지 않았다. 그러면서도 어느새 그래픽 작업에 몰두하고 있었다. 마감을 앞둘 때면 소변보는 시간을 제외하고 자리를 지킨 채 치열하게 일했다. 화장실 거울에 비친 나를 쳐다보며 스스로를 한심하게 느낀 적도 있었다. '내가 이러려고 영화를 4년 동안 배우고 현장에서 그토록 애썼나?' 자괴감이 들었다.

사업이란 정글에서 이미 많은 승부를 펼쳤던 고객사와 파트너들은 내 약점과 고민을 한 발 앞서 꿰뚫어 보았다. 그중에는 내 어려움을 알고 도움 주는 사람도 있는 반면 이용하는 사람도 있었다. 권투 경기로 치면 나는 스파링도 제대로 치르지 못한 선수였다. 수십 년간 맷집을 키운 선수들과 맞붙으니 얻어맞을 수밖에. 맞더라도, 지더라도 포기할 수 없는 사각의 링이 사업 현장이다. 나는 1패를 하더라도 1전의 기록이 남는다는 마음으로 사업의 링에 계속 올라섰다.

'을乙이라도 될 걸 그랬어.'

사업 현장의 링에 올라가 얻어맞아 보니 을이 대단해 보였다. 언론은 '갑질'을 소재로 피해자인 '을'에 대한 아픔을 말한다. 하지만 하청의 하청, '을'의 지시를 받는 나는 '병' 때로는 '정'으로 산다. '정'이 되면 '갑질' 대신 '병질'을 당한다. 괴로움과 수치의 시간을 통해 사업내공과 사람을 분별하는 능력치도 올라갔다. 하지만 다시 회복하기 어려울 정도로 깊은 상처를 받은 적도 많았다. 지금도 치료와 회복 중이다.

영화 현장에서 고생할 때, 사업 현장에서 끙끙 앓을 때, 전공과 진로 선택을 후회한 적도 있다. 만일 영화과를 선택하지 않고 교육대학교에 진학했다면 어땠을까? 부모님은 교대 진학을 권하셨으나 나는 영화과를 선택했다. 하지만 자식 이기는 부모는 없다. 부모님은 내 고집을 꺾지 못하고 영화과 진학을 허락하셨다. 다행히 입학할 때 1년 장학금도 받았기에 IMF 이후 힘든 가계 경제에 보탬이 되었으니, 더는 말리기 힘들었을 것이다. 마침 강제규 감독의 〈쉬리〉가 한국영화의 돌풍을 일으키던 때였다. '혹시, 우리 아들도?'라는 기대가 부모님에게 조금이라도 있지 않았을까? 만약 그랬다면 이제야 부모님께 고백한다.

"부모님, 죄송합니다."

군 제대 후 첫 영화 현장에서 연출부, 시나리오 조수 생활을 했다. 일 년이 지나자 몸무게가 7킬로나 줄었다. 첫 작품에 참여했을 때 내가 영화를 하는 건지, 배달을 하는 건지, 청소를 하는 건지, 발

렛파킹을 하는 건지 헷갈리기도 했다. 그러나 그 모든 시간을 '감독'이란 타이틀을 얻기 위해 이 악 물고 참았다. 참다 참다 억눌렸던 초자아가 술자리에서 표출되어 충무로에서 좋지 않은 평판을 받기도 했다.

"선배님들, 죄송합니다."

졸업을 앞두고 단편영화 제작비 마련을 위해 고향으로 내려갔다. 무명 초짜 감독의 투자자는 부모님뿐이었다. 내가 군대 있을 동안 돈가스, 냉면 가게에서 번 돈으로 어머니가 마련하신 나의 적금통장을 깼다. 어머니의 마음도 깨졌다.

대박 내서 보답하겠다는 각오를 다졌다. 그리고 박찬욱, 봉준호 같이 되겠다고 호언장담하며 현찰 삼백만 원을 들고 상경했다. 상경 후 대부분의 제작비 예산을 친구, 후배들과 돈가스와 냉면, 술을 먹는 데 사용했다. 돈가스 팔아서 번 돈으로 돈가스를 사 먹었으니 선순환일까? 지금은 쳐다보기도 싫은 졸업작품, 단편영화 한 편의 제작을 위해 수십 명을 동원했다. 수개월간 학과 편집실에서 고민에 빠진 척 10분짜리 영화를 붙들고 있었다. 물론 딴짓을 한 시간들이 더 많았다.

"부모님, 다시 한 번 죄송합니다."

이렇게 죄송한 짓을 많이 했으니 영화감독이든, 사업이든 성공은 언감생심이었을까?

그래도 인생 여정을 버티고 있는 것은 고난의 주먹을 많이 맞으면서 참고 견디는 근성, 일이 되게 하려는 추진력, 어떻게든 하려는 열망 등을 익힌 덕분이다. 이러한 것들은 교실에서, 독서실에서 공부하며 배울 수 있는 것들이 아니다. 그래서 때로 1승보다 1전이 중요하다.

대한민국 부모들은 열심히 공부해서 출세해야 한다고 자녀들을 강요한다. 그래야만 갑질을 당하지 않고 편안하게 살 수 있다고 설득한다. 그러나 병질을 당한 내가 간곡히 부탁한다.

"병질도 당해보자!"

'병질'이라니. 그것도 어린 시절에! 매도 먼저 맞는 게 낫다는데, 고통도 일찍 당하는 편이 나을 수 있다. 병질을 당하면 사람과 세상을 이해하는 마음이 깊어진다. 겸손, 인내, 근성이 길러진다. 물론 어린 마음에 병질의 상처가 너무 크면 좌절할 수도 있다. 살아갈 용기와 의욕을 잃을 수도 있다. 이때 부모가 다독여주어야 한다. 부모는 괜히 부모가 아니고, 괜히 있는 것이 아니다.

세상이 그렇게 녹록치 않다고 아이들에게 말해봤자 독서실에서 책만 보는 아이가 받아들이기는 어렵다. 세상은 정글인데 동물원에서 사육한 동물처럼 자란다면 사냥을 하는 방법을 알 수 없다. 병질은 사냥의 본능을 깨울 수 있다.

오늘도 나는 병질, 을질, 깁질을 딩하며 살고 있다. 그 삶을 감사하게 생각한다. 갑을병이 어우러져 살아가는 정글 같은 세상에서 나는 오늘도 아름다운 갑을 꿈꾼다.

달콤한 인생을 위한
짧은 시간

2018년 여름, 우리 가족은 홈스쿨링을 진지하게 고민했다. 홈스쿨링을 고민하게 된 계기는 사업에 찾아온 뜻밖의 기회였다.

우리 부부는 미라클스토리라는 영상제작업체를 운영한다. 아내는 계약과 영업을 맡은 대표이사로, 나는 작품의 기획, 제작, 연출을 맡은 감독으로 활동한다. 부부가 한 회사에서 일하면 좋은 점이 있다. 일에 관해 대부분의 내용을 공유하기에 집에서는 사업 얘기를 하지 않아도 된다. 다급한 프로젝트를 처리할 때 퇴근 이후에도 편하게 의사소통을 할 수 있다는 것도 장점이다. 사실 미라클스토리는 처음부터 우리 부부가 함께한 사업장은 아니었다. 나 혼자 시작한 사업장에 아내가 경영자로 참여한 것이다. 아내가 합류하면서 사업의 방향성을 함께 고민하고 어려움도 나눌 수 있었다. 각기 다른 일터에서 따로 고민하는 대부분의 맞벌이 부부에 비해 그 점이 참 좋았다.

사업 초기 어려운 시간을 잘 견뎌내고, 규모 있는 단체에서 교육 동영상을 의뢰받았다. 큰 예산만큼 회의와 발표 자리가 잦았는데, 프로젝트 입찰을 성사했을 때 우리 부부는 성취감과 기쁨을 만끽했다. 그리고 회사는 프로젝트가 성사되고 성과를 이뤘다. 하지만 이 과정 중에 소외된 사람들이 보였다. 우리의 두 딸들이다.

프로젝트 완료를 위해 우리 부부가 야근할 때 아이들은 이웃집에 가서 저녁을 먹고 기다려야 했다. 주말 회의가 있을 때는 회의가 끝날 때까지 개인택시를 하는 장인어른이 돌보고 있다가 회의 장소로 아이들을 데리고 오셨다. 회사의 성과가 커지면 커질수록 앞으로 이런 상황들이 더 많아지게 될 것이 분명했다. 부모의 성공에 자녀들이 소외된다는 생각이 들었다. 돌이키지 않으면 자녀들과의 관계가 메마른 땅처럼 갈라질 것 같았다. 시간이 지나면 물을 부어도 갈라진 땅은 쉽게 회복되지 않는다.

돌이켜야 했다. 돌이키기를 고민하던 어느 날 붐비는 지하철을 타고 출근하다가 앞사람의 휴대폰 화면이 눈에 들어왔다. ADHD 환자답게 정신이 사나워졌다.

'하와이 신혼여행을 계획하는 중이구만. 하와이 코나, 나도 간다, 하와이.'

그날 이후 나는 하와이에서 반년 동안 신앙을 공부하며 자연을 누리는 시간을 계획했다. 반년 여행을 계획하면서 현실적으로 해결해야 할 문제들이 있었다. 그중 하나는 첫째 딸의 취학이었다. 하와이에 머무는 시간 동안 아이는 초등학교 1학년을 휴학해야 했다. 학적을 해결한 다음 하와이로 떠나야만 한국에 돌아와서도 학교에 다닐 수 있을 터였다.

내 생각은 이미 하와이에 머물렀다. 하와이에 갔다 왔다 치고 그 다음을 상상했다. 하와이 코나에서 돌아온 큰딸의 상황을 예측했다. 6개월간 아름다운 자연에서 마음껏 자유롭게 지내다가 돌아와서 학교에 가야 하는 딸. 예비소집도, 입학식도 못한 상태에서라면 아이에게는 더욱 어려운 일일 게 뻔했다.

나는 내면의 충동성을 조절하고 다시 생각했다. 하와이로 떠나는 반년 여행은 현실도피에 불과했다. 6개월의 시한부 인생이 아니라면 하와이로 도망가지 말아야 마땅했다. 자녀 교육, 가정의 방향, 기업의 로드맵을 정하는 장기적인 계획을 세워야 했다. 6개월은 아니지만 결국 우리 인생은 시한부라는 생각이 힌트가 되었다. 길고도 짧은 인생 가운데 가족이 가장 행복하게, 아이들이 기쁘게 공부하는 방법이 홈스쿨링이라는 판단이 섰다. 그리고 일주일간의 짧은 여행을 계획했다.

우리 가족이 하와이 반년 도피를 포기하고 방향을 돌린 곳은 경기도 가평이었다. 인생은 반년만 살고 마는 것이 아니기에 인생의 큰 방향을 정해야 했다. 하와이는 나중에도 갈 수 있었고, 가평행은 이를 위한 예비여행이었다. 가평 여행을 통해 홈스쿨링으로 삶의 방향을 옮겼다.

초등학교 입학을 앞둔 큰딸을 보며 30년 전 나를 회상했다. 나는 당시 초등학교인 국민학교에 입학하기 불과 두세 달을 앞두고 엄마가 문방구에서 사온 카드교재로 한글을 배웠다. 급하게 배운 한글로 입학 전 나눠준 교과서를 훑어보았다. 그때 내 눈에 들어왔던 교과서의 문구는 바로 이것이었다.

<u>우리들은 1학년, 어서어서 모이자.</u>

돌아보면 취학을 앞둔 내게 학교란 '#어서어서 #부랴부랴'가 태그된 시간이었다. 국민학교 1학년이던 1988년 대한민국에서 88서울올림픽이 열렸다. 가난했던 나라가 세계 최대 축제인 올림픽을 개최할 수 있었던 힘은 '빨리빨리(어서어서 또는 부랴부랴)'였다.

빨리빨리가 무조건 나쁜 것은 아니다. 속도의 힘으로 대한민국은 시대의 변화 속에서 발 빠르게 대처할 수 있었다. 기술도 빠르게 응용했고, 공부도 빠르게 가르치고 배웠다. 그런데 삶이 빨라지니 죽음도 빨라졌다. 각종 사망률 1위는 바로 이런 속도지상주의에서 비롯된 것이다. 어쨌든 짧은 시간에 눈부신 성과를 이룬 대한민국은 대단한 국가임에는 틀림없다. 그 대단한 나라의 국민으로서 자부심도 크다. 대한민국 국민은 정말 위대하다.

하지만 나는?

초등학교 취학을 앞둔 딸의 아빠인 나는 어떤 사람인가 하는 생각이 들었다. #빨리빨리 문화에 휩쓸려 #어서어서 모이다가 #부랴부랴 인생을 마감하진 않을까? 그런 의문이 드는 내게, 내 인생에게 일주일이라는 시간이 필요했다. 아무것도 안 하고 멈추는 시간, 딱 일주일. 되도록이면 아무것도 하지 않고 가족과 함께 있는 시간, 딱 일주일.

우리 가족은 온전히 7일을 함께 보내기로 했다. 연휴도 아니고, 기념일도 아니고, 이제 6개월밖에 못 산다는 통보를 받은 것도 아닌 데 우리 가족은 일주일간 여행을 떠나기로 결정했다. 진행하고 있던 프로젝트가 고객사로부터 확정을 받지 못해 여차하면 대대적인 수정작업을 해야만 하는 상황인 데도 불구하고. 하지만 이때 떠나지 않는다면 이후로도 떠나지 못할 것 같았다. 일주일도 일상에서 벗어나지 못하는데 한 달 살이, 일 년 살이가 가능할 리 없었다. 홈스쿨링을 하기로 결정했다면 우리 가족은 지금까지 살아온 것과는 달리 시간에 더 유연하게 대처해야 했다. 똑같은 방법을 고수하면서 다른 결과를 기대하는 것은 어리석은 일이다.

가평 필그림하우스라는 곳이 있다. '순례자의 집'이라는 뜻으로 지어진 이곳은 분주한 삶에서 벗어나길 바라는 순례자들에게 인기를 끌고 있다. 필그림하우스에 가는 이유는 계절의 변화를 누릴 수 있는 환경뿐 아니라 건강한 식사 메뉴를 제공하기 때문이기도 하다. 우리 가족도 그 이유로 필그림하우스를 선택했다. '아무것도 하지 않기'에는 돈 버는 일뿐만 아니라 식사 준비나 설거지 등의 가사도 포함되었기 때문이다. 휴가 때 아내 혼자 일하게 둘 수는 없었다. 뒤늦게 이제 와서 아내에게 칭찬을 구한다.

"여보, 나 잘했지?"

그때 가을 끝자락, 우리 가족은 일주일 동안 입을 옷과 읽을 책을 챙겨 가평으로 떠났다. 첫날 일정을 보내고, 다음 날 아이들과 이른 아침에 일어나서 식사를 하러 나섰다. 길가에 붉게 익은 단풍잎이 살짝 얼어 있었다. 코끝이 찡하게 느껴지는 서늘한 계절 속에서 가족의 온기는 더욱 훈훈하게 느껴졌다.

아침을 먹고 산책까지 즐긴 뒤 돌아와서 책을 읽었다. 책장을 덮은 다음 우리 부부는 한적한 마당 앞에서 배드민턴을 쳤고, 아이들은 킥보드를 탔다. 조금 심심하다 싶으면 다 같이 잡기놀이를 했다. 뛰지 말라고 다그치는 소리도 없었다. 타임랩스처럼 정신없이 움직이는 세상 가운데 우리 가족만 슬로우모션 화면에 머물고 있었다. 시간이 여유로우니 그동안 자세히 보지 못했던 아이의 얼굴을 꼼꼼하게 살필 수 있었다.

오래 보아야 예쁘다, 너도 그렇다.

어느 시의 시구가 떠올랐다. 오래 보려면 시간이 필요하다. 시간을 쓰지 않는데 찬찬히 볼 수 없다. 시간을 들이지 않고 상대와 깊이 있는 관계를 맺을 수 없다. 딸을 보며 그런 깨달음을 얻었다.

일주일간 일상에서 떨어져 있는 동안 우려했던 고객사로부터 확답 전화를 받았다. 프로젝트에는 전혀 문제가 없었다. 그 일을 겪으며 깨달은 것이 있다. 나를 속박하는 것은 스스로를 재촉하는 나 자신이라는 점이다. 매일 출근하면서 누군가의 기대에 맞추려고 나는 나를 괴롭히고 있었다. 일중독에 빠져 자기 학대를 저지르고 있었다.

일하는 사람에게는 사무실이나 현장에 있는 시간도 분명 필요하다. 그러나 그게 전부는 아니다. 일상을 벗어나는 시간도 일을 위해 필요하다. 가평 여행 후로 2년이 지난 어느 여름날, 나는 제주 우도를 출항하는 배 위에서 고객사의 전화를 받고 포트폴리오를 메일로 보냈다. 물론 업무 특성상 도저히 불가능한 경우도 있겠지만, 넘실대는 파도 위에서도 일은 진행될 수 있다. 일상에서 벗어나 여유를 누려본 사람은 이를 가능하게 할 수 있다. 홈스쿨링을 하려면 일에 매여서는 안 된다. 일을 다스리고 시간을 컨트롤할 수 있어야 한다.

다시 가평 여행을 즐기던 때로 돌아간다. 일주일 중 절반이 지나 4일째 되는 날, 우리는 숙소에만 너무 오랫동안 머물렀기에 '뭐라도 해볼까?'라는 생각이 들었다. 근방의 가평 5일장이 우리에게는 흥미로운 이벤트였다. 도시생활에 익숙한 우리 가족은 여행을 가면 되도록 현지 재래시장을 방문한다. 대형마트처럼 단위당 가격은 볼 수 없지만 물건 파는 사람의 세월을 느낄 수 있는 곳이 바로 재래시장이다. 사람과 세월을 알 수 있는 재래시장에서 세상과 시대의 힌트를 발견할 수 있다.

10월의 어느 멋진 날에, 가평 5일장을 거닐며 호떡을 사 먹고, 가평잣을 입안에 넣고 씹으며 장거리를 누볐다. 맛과 멋을 누리며 결실의 계절을 만끽하는 시간이었다. 붉게 익은 연시를 한입 베어 먹으며 인생의 달콤함을 맛보았다. 정말 달콤한 인생이었다.

'이 시간이 참 좋다.'

아이들과 꼬박 일주일이라니. 아직 경험 못한 아빠들에게는 피하고 싶은 시간일 수도 있다. 그러나 내게 그해 10월의 일주일은 오랫동안 책 속에 고이 꽂아두고 싶은 단풍잎과 같다. 지금도 아내와 아이들과 함께 머문 그 시간을 떠올리면 내 마음도 어느덧 단풍잎처럼 붉게 물든다.

딱 일주일만, 그것도 힘들다면 3일이라도, 그것도 어렵다면 하루라도 온전한 시간을 가족과 함께 나눠봄이 어떤가? 보석 같은 시간을 발견할 수 있을 것이다. 짧지만 빛나는 그 시간을 통해 가족의 관계가 다이아몬드로 변하는 기적을 맛볼 수 있을 것이다.

 팝콘 둘

글로벌 스타는 식탁에서 탄생한다

손흥민과 BTS를 보면 어깨가 으쓱해진다. 우리 자녀들도 한류 주인공이 될 수 있다. 이를 위해 어릴 때부터 식탁 매너를 가르치자. 4차 혁명시대라도 사람은 먹어야 하는 존재이기 때문이다. 음식은 클라우드, 가상현실이 아니라 진짜 현실이다. 동서고금을 막론하고 밥 먹을 때 예의를 지키지 못하면 관계가 깨질 수 있다. 먹는 데서 마음이 상해 관계가 깨진 여우와 두루미를 타산지석 삼자. 글로벌 식탁 매너를 부모와 자녀가 함께 익혀 품격 있는 한류를 이어가자.

● 대한민국 표준 식탁 매너

1. 국그릇, 밥그릇을 들고 먹지 않는다.
2. 젓가락과 숟가락을 동시에 잡고 쓰지 않는다.
3. 식탁에 팔을 기대고 먹지 않는다.
4. 자기 식사가 끝났어도 함께 먹는 사람이 다 먹을 때까지 기다린다. 급할 때는 먼저 일어나겠다고 양해를 구한다.
5. 그릇을 잡는 것이 아니라면 반대편 손은 가급적 상 위로 올리지 않는다.

● 잘못 알고 있는 글로벌 식탁 매너

1. 스파게티를 먹을 때 포크에 찍어서 스푼 위에 돌돌 말아 한 입에 먹는다.

   ⇨ 이탈리아 사람들은 파스타를 먹을 때 포크로 먹거나 접시에 대고 말아먹는다. 면이 너무 길다면 나이프로 잘라서 떠먹기도 한다. 스푼으로 파스타를 먹는다는 이야기는 이탈리아에서 외국인 비하 농담으로 쓰인다.

2. 체면치레로 음식을 조금 남기는 것이 기품 있는 행동이다.

   ⇨ 요리의 나라 프랑스에서는 음식을 남기는 것이 예의가 아니다.

chapter 3

〈기생충〉
그리고 자아

행복은 나눌수록 커지잖아요

자아는 이미
만들어진 것이 아니라
선택을 통해
계속 만들어가는 것이다.

_ 존 듀이

서울대학교 문서위조학과를
꿈꾸는 사회

    영화 〈기생충〉은 저소득 계층 가족이 꾸미는 사기극을 다루고 있다. 주요인물은 사업에 실패한 중년 가장과 아내, 이십대 초반의 아들, 딸로 이루어진 4인 가족이다. 가족 중 아들은 대학입시를 준비하는 삼수생이다. 그는 군대에 가게 된 친구에게 부탁을 받는다. 친구의 군 복무기간 동안 고등학생의 영어 과외수업을 대신 맡는 것이다.

    과외 부탁을 받은 아들이 처음으로 한 일은 학력위조였다. 여동생의 도움을 받아 PC방에서 명문대학교의 재학증명서를 위조한 아들은 아버지에게 그것을 보여준다. 아버지는 위조된 재학증명서를 쥐어 든 채 아들에게 말한다.

"아들아, 네가 자랑스럽다."

아버지는 자녀들이 정교하게 위조한 문서를 바라보며 서울대학교 문서위조학과가 없냐며 감탄한다. 위조한 재학증명서를 가지고 과외 수업을 하러 가는 아들은 아버지에게 말한다.

"아버지, 전 이게 위조나 범죄라고 생각하지 않아요."

아들은 입시를 치러 내년에 명문대학교에 갈 생각이기에 위조 범죄를 합리화한 것이다. 극장 관람석에서 나는 그런 아들의 뒷모습을 바라보면서 그만 멈추라고 외치고 싶었다.

대한민국에 학력 위조로 인한 사건, 사고는 끊이지 않는다. 거짓말은 타인과 사회에 큰 고통을 준다. 거짓된 학력으로 성공을 차지했던 당사자는 모든 것을 잃고 사회의 지탄을 받는다. 들통날 줄 알면서 학력을 속이는 이유는 무엇일까? 다만 정직하지 못해서일까?

제3장의 주제를 '정직'이 아닌 '자아'라고 정한 데는 이런 이유가 있다. 정직하게 살아야 한다고 아무리 교육해도 근본적인 문제를 해결하지 않으면 결정적일 때 자기 자신과 남을 속이게 된다. 자아 회복이 이루어져야만 정직하고 솔직하게 살 수 있다. 자아를 놓치면 자신을 포장하게 되고, 과정과 노력을 생략하려는 유혹에 빠진다. 그 유혹에 빠지면 자신은 물론 타인과 사회 모두가 고통을 당한다.

스캇 펙 박사는 저서《거짓의 사람들》에서 이렇게 언급했다.

"병적인 나르시시즘과 치러야 할 대가를 치르려 하지 않는 게

으름이 인간악의 원인이다."

남을 속이고자 하는 마음은 스스로를 자랑스럽게 여기지 못하는 열등감에서 시작된다. 그 결과 외부 평가에 의해 자아가 형성된다. 인격으로서의 자아는 사라지고 외모, 학력, 소득, 사회적 지위 등으로 포장된 껍데기로 살아간다. 대한민국에서 학력 위조, 성형 수술, 경제 사기, 주가 조작, 매관매직 등이 기승을 부리는 데는 이런 이유가 있다. 껍데기는 가라.

출생을 선택할 수 있는 사람은 없다. 어느 누구도 부모, 나라, 인종, 성별을 선택하고 태어날 수 없다. 출생 이후로는 다르다. 사람은 자기 인생에 대해 스스로 묻고, 고민하고, 선택한다. 그 결과로 자아를 이룬다. 우리 사회는 이 과정이 생략되어 있다. 특히 교육에 있어서 더욱 그렇다. 교과서에 빠지지 않고 등장하는 단어가 '자아'와 '인격'이지만 실제로 자아와 관련된 교육이 학교에는 없다. 진지하게 고민할 시간은 주지 않은 채 공부만 하라고 강요하는 것이 대한민국 교육의 실체다. 기본기 없는 교육이다.

인류의 학문은 철학에서 시작되었다. 철학은 기본이다. 세계는 무엇으로 구성되었나, 사람은 왜 사는가, 삶은 무엇인가 등 본질적인 주제를 고민하며 답을 찾는 것이 공부의 기본이다. 아테네 학당도 기본을 찾으며 시작되었다. 그런데 오늘날 우리 사회에서는 인류가 진지하게 고민했던 철학이 교과 과정 중 하나로 전락했다. 소크라테스, 아리스토텔레스는 단답형, 객관식 정답으로 찍어야 할 보기

중 하나일 뿐이다. 교육에 있어 질문과 고민은 사라지고 점수와 등급만 남았다. 대학은 건물과 서열만 남았다. 그런 교육을 받고 졸업하고 나면 학점과 학자금 대출만 남는다. 마음 아프고 안타깝다. 자아 잃은 교육의 결과다.

우리는 SNS에 포장된 자아를 올리며 만족해한다. 다른 사람의 포장된 자아를 훔쳐보며 부러워한다. 서울대학교 문서위조학과처럼 존재하지 않는 가상 자아로 살아간다. 오늘도 대한민국에는 인증샷이 끊이지 않는다. 인증을 통해 자아가 인정받을 수 있다는 착각 속에 살고 있다.

나에게
어울리는 곳

영화 〈기생충〉은 가난한 가족이 위장한 모습으로 부잣집에 들어와서 돈을 버는 사기극을 다루고 있다. 집주인 가족이 자리를 비웠을 때 보이는 본래 모습을 통해 가난한 사람들을 벌레로 표현하는 듯하여 영화를 보는 내내 불편한 마음이 들었다.

가난한 가족은 부유한 가족에 기생하며 살아가기 위해 위장한다. 보호색을 입는 것이다. 부자와 잘 어울리는 사람이 되기 위해 학력, 옷차림, 말투를 위장한다. 기생충이 숙주의 몸에 정착하기 위해 적응하는 형태다. 자아를 잃은 채 환경에 적응하는 삶이다. 자아보다 배경을 더 중요하게 생각하는 대한민국 풍토이기도 하다.

배경을 더 중요하게 생각하는 사람들이 학력을 위조한 사건들이 꽤나 있었다. 먼저 M저축은행 김○○ 회장이다. 그는 중학교 졸업 학력이지만, 군 제대 후 서울대학교 법대생을 사칭했다. 대학에 입학하지도 않았는데 수업을 듣고 동아리 활동도 했다. 학생뿐 아니라 교수도 속여서 서울대 법대 교수가 결혼식 주례까지 보았다. 사칭한 학력으로 이화여자대학교의 병원장 겸 이사장의 딸과 결혼했다. 그의 학력 위조는 완벽해 보였다. 졸업앨범 사진에도 얼굴이 남았다. 결정적으로 앨범에 들어가는 주소를 적으려다 학적부에 없다는 것이 들통나서 가짜 학생임이 밝혀졌다. 학력 위조가 들통났지만 그는 아랑곳 않고 서울법대 동문회에 계속 참석했다. 유명한 사기극 영화 〈캐치 미 이프 유 캔〉을 넘어서는 레벨이다. 사기가 들통났는데도 위조된 인생을 멈추지 않는다. '잡을 테면 잡아봐라'를 넘어 '잡혔지만 뭐 어쩔 건데'라는 배짱이다. 대단하다.

신○○는 학력 검증의 시초가 된 인물이다. 그녀는 1991년 서울 중경고등학교를 졸업하고 1992년 미국 유학을 떠났다. 캔자스 대학교에 입학하려 했으나 영어 실력이 나빠서 랭귀지 스쿨을 2년 다녔다. 입학도 하지 않은 캔자스 대학교에서 서양화와 판화를 전공하고 경영학 석사를 받았다고 속였다. 위조된 학력으로 금호미술관의 아르바이트로 시작해서 동국대학교 미술사 교수, 성곡미술관 학예실장, 2007년 광주광역시 비엔날레 디렉터를 역임했다. 욕심이 지나친 바람에 학력 위조가 들통났다. 미술사에서 최고 명문이라는 예일대학교 박사는 아무리 봐도 무리수였다. 예일대학교 박사 과정을 인터넷으로 이수할 수는 없는 법이다. 신○○ 사건이 빌미가 되어 대한민국 국방부는 모든 위관급 장교들에게 학력 인증을 실시했다. 그 결과 학사장교에서 허위 학력으로 임관한 장교들을 무더기로 적발했다.

신〇〇 사건을 보면 영화 〈기생충〉에서 자신을 유능한 미술교사로 속인 이십대 여성 기정이 떠오른다. 기정은 부잣집 아이의 미술 수업을 맡기 위해 자신의 이름을 제시카로 속인다. 인터넷 검색을 통해 짧게 배운 미술 심리치료에 관한 내용을 아이의 엄마에게 말함으로써 방문교사가 된다. 꾸며진 자아로 범죄가 시작되고 거짓말은 계속 이어진다. 제시카는 거짓말한 내용을 헷갈리지 않으려고 노래까지 만들어 외운다. 〈독도는 우리 땅〉 음률에 가사를 붙여 만든 '제시카 송'이 바로 그것이다. 영화만큼 화제가 됐던 제시카 송은 3절까지 있지만 1절만 여기 옮긴다.

제시카는 외동딸, 일리노이 시카고,
과 선배는 김진모, 그는 니 사촌~
유니세프 1차 면접,
도곡동의 박소담 지디를 좋아해

위조한 재학증명서로 시작해서 온 가족이 범죄에 참여한다. 범죄 가족이 맞게 되는 결과는 비참하다. 한 가족이 다른 가족을 속이는 과정도 개인적으로는 보기 힘들었다. 자아를 잃어버린 우리 시대 왜곡된 가족의 모습을 보여주는 듯해서다.

정직한 사람이 되려면 도덕 교육을 받기보다 솔직하게 자신을 대면해야 한다. 남들 시선에 비친 '나'와 내가 바라보는 '나'의 격차가

커질수록 거짓의 함정에 빠진다. 자신에게 떳떳하고 솔직하지 못하기 때문에 남을 속인다. 현재 우리나라 교육은 자아와 내면을 깊이 성찰할 수 있는 여유가 없다. 자존감은 낮추고 자존심만 높인다. 자아를 회복했을 때 자존감이 높아지고 진정한 '나'로 당당하고 편안하게 살아갈 수 있다.

꾸밈없이 사는 것이 축복이다. 솔직한 '나'를 대면할 수 있는 곳, 그 축복의 장소는 바로 가정이다. 그런데 많은 가정이 이 역할을 못하고 있다. 제도권 교육을 구현하는 장소로 활용되는 경우가 허다하다. 그런 가정에서 구성원인 가족들은 자아를 찾기 힘들다. 가정에서 자아를 찾지 못한 가족들은 집 안과 밖에서의 모습이 다를 수밖에 없다.

다음은 2011년 TV에 방영된 공익광고 '안과 밖이 다른 가족' 편의 멘트다.

"사원 김아영은 상냥하지만, 딸 김아영은······"
"꽃집 주인 이효진은 친절하지만, 엄마 이효진은······"
"친구 김범진은 쾌활하지만, 아들 김범진은······"
"부장 김기준은 자상하지만, 남편 김기준은······"

대한민국 입시 정책은 부모와 자녀의 자아를 빼앗고 삶을 기능으로 전락시킨다. 부모는 돈 벌어서 학원비, 생활비를 대고, 자녀는 입시와 취업을 우선순위로 삼고 살아간다. 집 안에서는 겉돌고 집 밖에서는 가면을 쓰고 살아간다.

영화 〈기생충〉 후반부에 정원 딸린 저택에서 파티가 열린다. 부유한 사람들의 파티를 지켜보며 반지하에 사는 가난한 청년이 옆에 서 있는 부잣집 여학생에게 묻는다. 그 즈음 둘은 서로 좋아하는 사이로 발전해 있었다.

"나 잘 어울리냐고, 여기."

이 대사에는 자신이 원하는 곳에서 잘 어울리는 사람이 되기 위해 애쓰며 살아가는, 오늘 우리들의 자화상이 담겨 있다.

우리는 가정에서 태어나고 삶을 마치게 된다. 자신의 출생과 사망을 지켜보는 사람들은 가족이다. 자기 삶의 오리지널은 집에 있다. 집은 자아를 찾고 지켜가는 장소가 되어야 한다. 그런데 집이 낯선 곳이 되었다. 자녀들은 자라면서 가족보다는 친구, 지인들과 더 어울리기 위해 애쓰고 산다. 일과 직업, 수입과 사회적 지위가 삶의 우선순위가 된 결과다.

가정은 가족의 자아 그대로를 인정하는 곳이어야 한다. 특히 부모는 자녀를 있는 그대로 인정하고 사랑해야 한다. 앞서 말한 학력 위조자들은 잃어버린 자아를 위조된 학위증을 통해 찾으려 했던 불쌍하고 불행한 사람들이다. 우리의 자녀가 그들처럼 살게 내버려둘 수는 없다.

부자니까
착한 것일까?

"그 집 사모님은 부자인데도 착해."
"부자니까 착한 거지."

영화 〈기생충〉에서 운전기사와 가사도우미로 신분을 숨기며 일하는 부부의 대화다. 이 대화를 통해 사람들이 부자를 바라보는 두 가지 시선을 엿볼 수 있다.

1. 부자는 원래 나쁘다.
2. 부자는 착한 행동을 할 수 있는 여건이 된다.

인간의 성품을 재산의 많고 적음으로 가늠하는 관점이다. 보통 사람들의 보편적 관점이 아닐까 싶다. 부자가 천국에 들어가는 것은 낙타가 바늘구멍에 들어가는 것만큼 어렵기도 하지만, 곳간에서 인심이 나기도 하는 법이다.

영화 〈기생충〉을 연출한 봉준호 감독은 이전 작품에도 선과 악, 가난과 부의 대립구도를 설정했다. 영화 〈설국열차〉에서는 가난하고 약한 사람들을 착취하는, 돈과 힘을 가진 나쁜 부자를 보여준다. 그런데 〈기생충〉에서 이 구도를 뒤집었다. 부자는 부유해서 착한 행동을 할 수 있고, 빈자는 가난해서 악하게 살 수밖에 없다는 설정으로 이야기를 전개한다.

〈기생충〉은 칸과 아카데미상을 수상했다. 한국영화의 위상을 널리 알린 것은 자랑스럽지만, 나는 감독의 표현과 사상에 동의하지 않는다. 선과 악을 빈부로 가름할 수 없기 때문이다.

나의 지인이 〈기생충〉의 메인 스태프로 참여했기에 국내 개봉을 하자마자 이른 아침에 극장으로 달려갔다. 영화를 보고 나오는데 부모님 손을 잡고 다음 회차 상영을 기다리는 어린 아이를 보며 걱정이 되었다. 선정적이고 잔인한 장면이 나오는 이유도 있지만, 아이의 가치관에 큰 영향을 미칠 것이기 때문이었다. 국제적으로 주목받은 영화라고 해서 섣불리 어린 자녀와 함께 감상하는 것은 위험한 일이다. 자아에 영향을 미칠 수 있다. 부모가 먼저 관람하고 자녀에게 보여줄지 판단해야 한다.

어린 자녀가 영화 〈기생충〉을 보는 것은 위험하다. 사람의 인격과 행동 동기를 오로지 돈에만 초점을 맞췄기 때문이다. 돈이 세계를 지배하는 현실을, 자본주의 사회의 현실을 영화가 잘 반영하지 않았느냐고 반문할 수 있다. 동의한다. 따라서 가치판단을 스스로 할 수 있는 성인에게는 〈기생충〉이 별 위험이 없다. 그러나 아직 자아가 형성되지 않은 아이들에게는 위험하다. 빈부를 바라보는 냉소적 시선과 대립적 세계관을 심어줄 수 있기 때문이다. 가난한 사람들과 부자들에 대한 편견이 자랄 수 있기 때문이다.

어느 시대나 부유하고 가난한 사람들이 있었다. 마크 트웨인은, 딸들이 자기 전에 들려준 이야기를 기반으로 소설을 썼다. 《왕자와 거지》다.

거지가 된 왕자, 왕자가 된 거지는 각각 사회적 지위, 빈부의 극한체험을 한다. 거지 소년의 아빠는 알코올 중독자로 그려지고, 왕자 아빠의 모델이 된 헨리 8세는 잔인한 폭군으로 묘사된다. 소설 《왕자와 거지》는 왕자든 거지든 선함은 재산이나 신분에서 나오는 것이 아니라 인간 본연의 성품이라는 것을 이야기한다. 작품 속에서 왕자로 살아가는 거지는 가난하고 힘없는 사람들이 억울하게 당하는 법과 낭비되는 예산에 관해 대안을 제시한다. 거지로 살아가는 왕자는 하층민들이 살아가는 어려움을 몸소 겪고 왕으로 다시 복귀하여 선군이 된다. 한편 국내 영화 〈광해〉도 소설 《왕자와 거지》를 모티브로 삼고 있다.

'부자인데도' 혹은 '부자라서' 착한 것이 아니다. 가난한 자도, 부유한 자도 착한 마음으로 옳게 살아가려는 마음을 가지면 착한 사람이 될 수 있다. 우리 아이들이 〈기생충〉 대신 《왕자와 거지》를 봐야 할 이유가 여기에 있다. 《왕자와 거지》가 자아를 이루는 데 더 긍정적인 영향을 미친다. 〈기생충〉은 어른이 된 다음에 보아도 늦지 않다.

계단만
올라오시면 돼요

본 장章은 스포일러를 포함하고 있다. 영화 〈기생충〉을 아직 보지 않은 독자 중 반전 결말을 알고 싶지 않다면 미리 알고 읽길 바란다.

〈기생충〉에서 학력 위조로 시작된 가족범죄, 그 사건으로 인해 세 가정이 참사를 겪는다. 세 가정에서 모두 살인자들과 살해 피해자들이 나온다. 〈기생충〉의 가족 중 반지하에 살던 딸은 지하세계로 떠나고, 엄마와 아들은 여전히 반지하 집에 머문다. 가장은 저택의 숨겨진 지하실에 숨어 산다.

"아버진 계단만 올라오시면 돼요."

이 대사는 저택 지하실에 갇힌 아버지와 다시 만나고픈 아들의 심정을 표현한 것이다. 동시에 가난하게 사는 사람들의 기약 없는 신분상승의 희망을 상징적으로 담아냈다. 개천에서 더 이상 용 날 수 없는 현실을 비관적으로 묘사했다.

〈기생충〉이 각광을 받은 이유는 영화 기법, 인물 설정, 잘 짜여진 이야기 흐름과 반전에 있다. 또한 가난하고 힘없는 사람들의 현실을 대변하는 사회적인 기능도 하고 있기에 세계적으로 주목받았다. 그러나 나는 〈기생충〉의 사회적 기능에 한계가 있다고 생각한다. 영화는 가난한 이들의 삶을 과잉 묘사하고 부정적으로 왜곡했다.

계단만 올라가서는 더 나은 세상을 꿈꿀 수 없다. 계단을 내려와야 한다. 계단을 오르는 것은 표면적 성공을 뜻한다. 더 많은 돈, 높은 지위로 상승하는 것이 인생 최종 목적이 될 수 없고, 되어서도 안 된다. 인류 역사를 살펴보면 더 나은 세상은 계단 꼭대기에 올라가서 이룬 것이 아니다. 계단을 오르는 것은 개인의 성취에 그친다. 위대한 역사는 계단을 내려온 사람들이 만들었다. 인류 역사에서 노예제도가 사라지고, 여성에게 투표권이 생기고, 노동자가 권리를 되찾을 수 있었던 것은 계단을 내려온 사람들 덕분이다.

일제식민지 시절 계단을 올랐던 사람들은 민족을 배반하고 입신양명한 사람들이었다. 민족과 독립을 위해 자기를 내려놓고 계단을 내려온 사람들로 인해 지금의 우리나라가 있는 것이다. 우리 역사는 계단을 내려온 사람들, 일례로 독립운동가들에 대한 제대로 된 평가와 그 가치를 잊었다. 교육의 맹목적인 성공 추구도 이러한 역사 관점과 일맥상통한다.

〈기생충〉은 계단에 오를 수 없는 사람들의 비참한 현실을 보여주면서 계단만 오르면 된다는 비관적인 관점을 비치고 있다. 봉준호

감독은 계단 위에 오른 사람이다. 그의 성장환경을 보면 영화 속에 나오는 반지하에 사는 사람들과는 거리가 멀다. 살아 보지 않은 하층민의 삶을 이해한다는, 그것을 바꿔보겠다는 영화 〈기생충〉을 보며 마음이 불편했다. 영화를 본 관객들은 자칫 빈부 차이에 관한 편견의 지하실에 갇힐 수도 있다.

우리는 '편견'이라는 지하실에서 올라와야 한다. 성적과 연봉만 올리면 된다는 갇힌 생각에서 나와야 한다. 계단만 올라가면 만사형통할 것이라는 속물적인 가치관을 우리 자녀들에게 심어주지 말자. 그러기 위해서는 부모가 먼저 바뀌어야 한다. 지하실에서 올라와야 한다. 부모가 지하실에 자리 잡고 있으면 자녀의 자아도 축축한 지하실에 갇히게 된다.

단적인 예이지만, 아이들이 사는 집을 빌미로 친구를 거지로 부르는 것은 누구의 잘못인가? 몇몇 아이들은 공공주택에 사는 친구를 '엘거(LH거지)', 다세대 주택에 사는 친구를 '빌거(빌라거지)'라고 부른다. 참 거지 같은 생각이다. 이 말을 아이들이 먼저 시작하지 않은 것만은 확실하다. 이런 말을 사용하는 아이들은 부모에게서 거지 같은 가치관을 배웠을 것이다.

나는 우리의 자녀들이 계단만 바라보며 전력 질주하는 삶을 살지 않길 바란다. 꼭대기만 바라보며 달려가다 넘어진다면 도리어 절망에 빠질 것이다. 계단 꼭대기에 오르는 성취를 이룬다 해도 행복하지만은 않을 것이다. 계단을 내려오면 답이 있다. 우리 자녀들이 올바른 가치관으로 옳은 선택을 하며, 더 넓고 풍요로운 자아를 찾길 바란다. 자아가 인생을 바꾸고, 인생이 세상을 바꾼다고 나는 믿는다. 우리의 자녀가 그 주인공이 되기를 소망한다.

절대 실패할 수 없는 계획

영화 〈기생충〉에서 반지하에 살던 가족은 저택의 집주인 행세를 하다가 큰 위기에 처한다. 설상가상으로 폭우 이후에 반지하 집은 물에 잠기고 가족은 재난대피소에서 머물게 된다. 다음 계획을 묻는 아들에게 아버지는 다음과 같은 말을 한다.

"절대 실패할 수 없는 계획이 뭔지 아니?
무계획이야. 노 플랜."

속임수로 부잣집의 하수인 노릇을 하면서 잘살아보려던 가족의 계획은 물거품이 되었다. 가족은 예상하지 못한 비참한 결말을 맞는다. 자아를 잃고 가면으로 살아온 가족은 계획마저 잃는다. 영화 속에서 아버지는 아들에게 인생은 계획대로 되지 않는다고 말한다. 영화뿐 아니라 현실에서도 계획대로 되지 않는 경우가 참 많다. 누구나 그럴듯한 계획을 세우지만 예기치 못한 사건과 상황에 뭇매를 맞으며 절망한다.

사람은 평생 계획을 세우고 산다. 5년, 10년 후 어떻게 살 것인지 거창한 인생 계획도 세우고, 오늘 점심식사 메뉴를 정하는 소소한 계획도 세운다.

이와 같이 삶과 떨어질 수 없는 계획은 결국 삶의 선택이다. 삶의 선택이 누적되어 하나의 인생이 된다. 또한 살아가는 과정에 해야 하는 수많은 선택으로 자아가 형성된다.

절대 실패할 수 없는 계획은 무계획이 아니다. 진정한 '나'로 사는 것, 그것이야말로 실패할 수 없는 계획이다. 계획은 누구나 세울 수 있고 언제나 실패 가능성이 있다. 그러나 자아를 잃지 않으면 언제나 다시 시작할 수 있다.

자아를 잃어버린 사람은 계획에 어긋나는 일이 일어났을 때 무너지고 만다. 특히 실패보다 성공을 많이 한 사람들이 시련을 겪을 때 극단적인 선택을 한다.

기대가 지나치게 높기 때문에 실망도 큰 법이다. 높이 나는 새는 멀리 볼 수 있지만 추락할 때 받는 충격도 크다. 그러나 자아가 굳건한 사람은 시련의 폭풍에서도 진가를 발휘한다. 자아가 굳건한 사람은 뿌리 깊은 나무와 같다.

조지 맥도널드의 소설 《북풍의 등에서》에 등장하는 부자 콜먼은 투기사업을 무리하게 시도하다가 파산한다. 콜먼은 어려움을 극복하기 위해 거짓을 일삼다가 더욱 나락으로 떨어진다. 하지만 콜먼

가문의 마부 가족은 꿋꿋하게 다시 일어난다.

조지 맥도널드는 가난이 꼭 나쁜 것만은 아니라고 언급한다.

"가난은 인간을 가치 없는 존재로 만들지 않는다. 오히려 부자일 때보다 가난할 때 그 사람의 가치가 더욱 높아질 수 있다. 그런데 거짓은 언제나 인간을 가치 없는 존재로 만든다."

《북풍의 등에서》를 관점으로 〈기생충〉을 보면 반지하 가족은 가난이 아닌 거짓 때문에 망한 것이다. 가난해도 마부의 가족처럼 참된 자아가 있다면 실패할 수 없는 계획이 생긴다.

가난이 기회가 되어 세상을 바꾼 위대한 인물들을 많이 찾아볼 수 있다. 대표 인물로 부산복음병원 원장을 역임한 장기려 박사를 꼽을 수 있다. 그는 국민건강보험의 토대가 된 청십자의료보험을 창설했다. 소년 장기려의 원래 꿈은 교사였다.

그는 실력과 학비가 모자라서 교사를 포기했고, 여순공과대학에 진학하려 했으나 떨어졌다. 결국 당시 조선에서 학비가 가장 적게 드는 경성의학전문학교(현 서울대학교 의과대학)에 진학했다. 장기려 박사가 돈 많은 집 안에서 태어났다면 그는 사범학교에 가서 교사가 되었을 것이다.

소년 장기려는 돈이 없어 사범대학을 못 갔고, 실력이 없어 공과대학에 떨어졌다. 돈도 없고, 실력도 없지만 자아가 군건했기에 도리어 놀라운 일들을 해냈다.

가난했던 장기려는 가난한 사람들을 위한 의료보험 제도를 만들었다. 가난을 경험했기에 가능한 일이다. 장기려 박사는 노년에 당뇨병에 시달리면서도 집 한 칸 없이 옥탑방에서 지냈다. 그는 생의 마지막까지 가난하고 병든 환자들을 진료했고, 유일한 재산인 천만 원마저 자신의 간병인에게 주고 떠났다. 소년 장기려는 가난했지만 가난하게 살지 않았다. 가난을 극복하고 남을 돕는 풍요한 삶을 살았다. 국민건강의료보험증을 펼쳐놓고 장기려 박사에 대해 자녀들과 대화하는 시간을 가져 보자. 알찬 교육이 될 것이다.

《북풍의 등에서》의 소년 다이아몬드는 부모에게 묻는다.

"가난은 부끄러운 건가요?"

가난 자체가 부끄러운 일은 아니다. 세상에는 가난한 자들이 차고 넘친다. 궁핍한 자들을 돕지 않으면서 가난을 부끄럽게 여기는 사회가 도리어 부끄러워해야 한다.

주인집의 파산으로 누추한 집으로 이사온 다이아몬드 가족은 비참한 저녁시간을 보내지만, 소년 다이아몬드는 속으로 다짐한다.

'이래서는 안 돼. 고작 이런 일에 좌절할 수는 없어. 나는 북풍의 뒤편에 갔다 왔잖아. 그곳에서는 좋은 일만 생기지. 그러니 여기서도 모든 일이 좋게 되도록 노력해야만 돼. 괴롭고 불행한 상황에 맞서 싸워야 한다고. 당당하게 맞서 싸우면 절대로 절망하는 일은 없을 거야.'

정말 '다이아몬드' 같은 마음이다. 우리나라에도 어린 다이아몬드와 같은 이런 다짐을 했던 사람들이 많이 있었다. 그들은 한국전쟁 이후 가장 가난한 나라로 전락한 대한민국을 일으켜 세웠다. 가난의 좌절을 딛고 일어나 희망의 나라를 만들었다. 그런데 지금 이 나라는 청년들에게 헬조선이 되었다. 부강해졌지만 많은 사람들에게 행복을 주지 못하는 나라가 되었다. 도대체 왜 행복이 줄어든 것일까?

2018년 세계행복지수 순위 1위부터 4위까지를 북유럽 나라들이 차지했다. 핀란드, 노르웨이, 덴마크, 아이슬란드다. 대한민국은 57위였다(자료출처: 세계은행). 북유럽 사람들의 행복의 비결은 '휘게'에 있다. '휘게'란 가족이나 친구와 함께 보내는 여유로운 시간이나 일상 속의 소소한 즐거움이다. 물론 혼자 보내는 것도 포함한다. 대한민국에 소소하고 확실한 행복이라는 '소확행'이 유행한 것을 보면 우리나라 사람들도 '휘게'에 대한 열망이 있다고 볼 수 있다.

우리는 타인과 자신에 대한 기대를 충족하려고 피곤하게 살다가 휘게를 잃었다. 자아를 잃었다. 그래서 어떤 이는 대한민국을 '피로 사회'라고 부른다. 피로에 지쳤는데 자아를 찾을 기운이나 있겠는가. 모두 다른 사람들이 만든 기준에 맞춰 사는 것이 행복이라고 배웠기에 선택하기보다 끌려다니며 인생을 산 결과다. 진짜 '나'로 살아가는 데는 용기가 필요하다. 4장에서 다룰 영화 찰리 채플린의 〈위대한 독재자〉는 그 위대한 용기를 보여준다.

성품으로 칭찬거리 찾기

칭찬이 건강한 자아를 만든다. 소설 《북풍의 등에서》의 주인공 소년 다이아몬드는 칭찬받고 자라며 고귀한 성품을 갖춘다. 그리고 주변에 감동을 주는 삶을 산다.

부모의 칭찬은 해가 되지 않는다.

그러므로 자녀에게 칭찬을 많이 해주자.

칭찬을 해줄 때는 그 성품에 대해 해주는 것이 효과적이다.

불굴의 의지, 성실함, 예의바름, 인내, 배려,

분별력, 따뜻한 마음…….

이 외에도 많은 성품이 있다.

우리 자녀의 어떤 성품을 칭찬할 것인지 매칭해보자.

chapter 4

〈위대한 독재자〉
그리고 용기

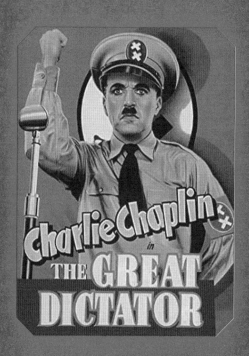

용기란 두려움에 대한
저항이고, 두려움의 정복이다.
두려움이 없는 게 아니다.

_ 마크 트웨인

지금은 찰리 채플린의
용기가 필요할 때

소설가 마크 트웨인의 본명은 새뮤얼 랭혼 클레먼스다. 마크 트웨인이라는 필명은 젊은 시절 증기선에서 일하며 배가 항구에 다다를 때 수심을 재던 용어에서 따왔다. 물 깊이를 패덤fathom이라는 단위로 측정하는데, 2패덤이 나올 경우, 'two'라고 하지 않고 'twain'이라고 한다. 그가 증기선 노동자로 일하며 외치던 말이 위대한 소설가의 이름이 되었다. '마크, 트웨인'을 의역하자면 '닻을 올려라, 배들어 갑니다'라고 할 수 있다.

강나루에서 외치는 소리가 이름이 된 마크 트웨인과는 달리 소리 없이 전 세계의 스타가 된 사람이 있다. 배우이자 감독인 찰리 채플린이다. 채플린은 무성영화로 유명해졌다. 그런 그가 처음으로 목소리를 등장시킨 영화가 있다. 바로 〈위대한 독재자〉다.

내가 찰리 채플린이고 내 목소리가 처음 공개된다면 어떤 기분일까? 존경하는 영화인의 과거를 상상해봤다. 채플린은 우리나라 나이로 초등학교 4학년 때 극단에서 연기를 시작했다. 그는 표정과 몸으로 하는 연기 못지않게 발성과 노래에도 능숙했지만 무성영화로 성공했다. 그렇기에 자기 목소리를 대중에게 처음으로 공개할 때 두려웠을지도 모른다. 자칫 지금껏 쌓아온 금자탑에 흠을 낼 수도 있었을 테니 말이다. 더군다나 영화는 세계 정복을 꿈꾸는 히틀러를 풍자한 영화였다. 〈위대한 독재자〉는 연기력보다 용기가 더 필요한 영화였다.

채플린은 영화에서 재능과 위트로 히틀러의 목소리를 흉내 낸다. 목소리 톤뿐 아니라 내용에도 풍자를 담았다. 제2차 세계대전이 한창 진행되던 무렵, 나치 독일의 지도자를 농담거리로 표현할 수 있는 저력은 참된 용기에서 나왔다. 나는 부모로서 〈위대한 독재자〉를 보며 자녀 교육에 꼭 필요한 용기를 회복하고 싶다. 기회가 된다면 자녀와 같이 보자. 저작권이 무료라 유튜브에서 쉽게 구할 수 있다.

마크 트웨인이 언급한 대로 용기는 두려움 자체가 없는 것이 아니다. 두려움이 있지만 두려움을 저항하고 마침내 정복하는 것이다. 역사는 용기 있는 사람들로 인해 더 나은 세상이 되었다는 것을 보여준다.

아빠인 나도 아이를 학교에 보내지 않을 용기가 필요했다. 나는 공교육에 대한 반발을 이유로만 취학을 거부하지 않았다. 공교육이 아이의 장단점을 발견하고 잠재력을 이끌어내어 개별적인 교육을 제공할 수 있다면, 나는 분명 아이를 학교에 보냈을 것이다. 내 관점에서 자녀 교육의 최적 솔루션은 홈스쿨링이었다. 홈스쿨링은 더 좋은 것을 선택한 결과였다.

물론 모든 나라의 공교육이 나쁜 것은 아니다. 텍사스 샌안토니오 강석 교수는 네덜란드 공립학교의 강점을 두 가지로 소개한다.

첫째, 교육과정의 다양성이다. 대한민국 사교육이 활성화되는 가장 큰 이유는 공교육 역할이 부족하기 때문이다. 자신의 전공을 미리 파악하고 어려서부터 전문 지식을 가르치는 것이 네덜란드 공교육의 목적이다.

둘째, 정부의 적극적 관리다. 네덜란드는 왕족도 공립학교를 다닌다. 재벌이나 높은 지위에 있는 사람들이 자녀를 국제학교나 사립학교에 보내는 우리나라와 확연히 다르다. 또한 네덜란드 정부의 기준에 도달하지 못하면 공립학교도 폐교될 위기에 처한다. 공립학교라는 직장이 철밥통이 아니다.

덧붙여 네덜란드 공교육은 지속적인 교육과 적성에 맞는 진로지도를 하고 있다. 안타깝게도 이 내용은 대한민국 교육부 홈페이지에 나와 있다. 좋은 내용을 게시만 하고 왜 적용하지 않는가? 이것은 엄연한 직무 유기다.

대한민국 공교육은 한 아이를 전담할 수 없다. 여름방학, 겨울방학, 봄방학을 빼고 나면 약 9개월가량 되는 제한된 기간에 한 명의 교사가 서른 명가량 되는 학생들을 지도한다. 이런 상황에서 한 아이를 면밀히 살피기란 불가능하다. 그래서 학부모들은 담임교사에게 잘 보이기 위해 학부모 총회에 간다. 그들 중에는 교실 내에서 아이의 입지를 탄탄히 하기 위해 방과 후 호프집 모임을 가지기도 한다. 학교 안 가도 그런 소식은 다 듣는다. 정치적이고 소모적인 경쟁의 틈바구니에서 나는 나와 아이를 지키고 싶었다. 그래서 홈스쿨링을 선택했다.

큰아이의 초등학교 입학을 앞둔 2019년 겨울, 우리 가족은 공교육 위원회의 호출을 받아 초등학교를 방문했다. 경기도 공교육 위원회가 주관하고 교장선생님, 지역 경찰관이 참관한 자리에 십수 명의 학부모와 아이들이 앉아 있었다. 2019년 경기도 용인시 ○○초등학교에 취학 거부를 하는 아이 숫자가 1개 학급 정도가 되었기에 개별 상담으로 진행했던 것을 단체 모임으로 바꾼 것이다. 취학 거부하는 가정이 많아서 교장선생님도 긴장하셨다.

공교육 위원회가 주관하는 회의는 조기유학, 대안학교, 홈스쿨링 등 각각의 이유로 취학을 거부하는 가정을 면담하는 자리다. 공교육 위원회는 의무교육이 헌법에 명시되어 있기에 타당하지 않은 취학 거부는 불법이라고 주장한다. 법령에 의하면 홈스쿨링은 불법이지만 나는 동의하지 않는다. 의무교육이 의무취학은 아니기 때문이다. 부모가 교사가 되어 가르치는 우리 가정이 원안 학교이자 자녀에게 가장 적합한 학교라고 믿는다. 의무교육이 의무취학이라고, 공교육만이 유일한 해법이라고 주장하는 교육 당국자들은 독재자다. 아빠의 취학 거부는 독재자들을 향한 용기 있는 주장이다.

'아버님은 왜 아이를 학교에 보내지 않으요?'

교사나 공교육 위원회가 취학 거부 이유를 물을 거라 예상하고 위의 질문을 가정하여 대답을 준비했다. 그런데 '아쉽게도' 나의 취학 거부는 쉽게 통과되었다. 준비해간 답변을 말할 기회가 없었다. 나는 학교에 보내지 않는 이유를 세세하게 말해 교육 당국자들을 설득하고 싶었다. 그들의 인식 전환을 꿈꾸었다. 그러나 꿈으로 남겨두어야 했다. 만일 기회가 되어 내가 다시 학교를 방문하거나 혹은 교사가 우리 가정을 방문한다면 꼭 말해주고 싶다. 아니면 이 책을 건네주고 싶다.

대한민국 학부모는 자녀 교육에 대해 자신의 목소리를 내고 있는가? 자녀 교육을 위한 질문은 있는가? 대한민국 교육에 질문들이 넘쳐난다. 그 질문은 입시설명회, 맘카페, 지역 커뮤니티 등에서 주로 이뤄진다.

"영어를 잘하려면 어떻게 해야 하나요?"

"이번 입시는 어떤 전략으로 준비해야 하나요?"

"아이 포트폴리오를 어떻게 준비해야 하나요?"

엄마의 모든 질문은 대학으로 통한다. 결국 어떻게 하면 대학에 갈 수 있느냐가 최종 질문이다. 부모가 중요한 질문을 못하니, 아이들도 질문 없는 인생으로 산다. 중요한 순간에 질문을 못해서 손해 본다. 명문대를 졸업하고 취업할 때도 연봉, 수당, 근무조건 등을 묻지 못해 포털사이트를 검색한다. 그만큼 질문하는 일에 익숙하지 못하다.

진짜 중요한 질문은 구글링해도 답을 얻을 수 없다. 중요한 질문을 할 줄 아는 아이는 커서 용기 있는 어른이 된다. 반대로 질문이 없는 아이는 용기 없는 어른으로 자란다. 미국 오바마 전 대통령이 한국 기자들에게만 질문할 특권을 줬지만 아무도 손을 들지 못했다. 이 부끄러운 예화를 꼭 기억하자.

목소리를 내자. 목소리를 내서 질문하자. 질문하는 사람이 결국 제 길을 찾는다.

동갑내기 채플린과
히틀러의 차이

채플린과 히틀러는 1889년 동갑내기다. 100년만 늦게 태어났어도 내 동생들이다. 산업혁명이 한창 진행되고 있던 당시 두 남자는 각각 영국과 독일에서 태어났다. 두 사람 모두 불우한 유년시절을 보냈고, 예술에 관심이 많았다. 한 사람은 배우를 꿈꿨고, 다른 사람은 화가가 되고 싶어 했다. 키와 생김새도 흡사하다. 출생년도를 비롯해서 많은 유사한 점들이 있던 두 사람을 역사는 극과 극으로 기억한다. 채플린은 인류에 웃음과 희망을 남겨주었고, 히틀러는 분노와 절망을 안겨주었다. 어쩐지 히틀러는 이름 자체에서 죽음과 혐오의 냄새를 풍긴다. 현재 유럽에서는 아기 이름에 '아돌프'와 '히틀러'를 넣는 것을 법으로 금하고 있다.

1889년 4월 16일 찰리 채플린은 런던 빈민촌인 월워스에서 태어났다. 그의 부모님은 둘 다 연예인이었으나, 아버지는 알코올 중독자였고 어머니는 조현병 증세를 보였다. 부모님은 별거했고, 채플린은 형과 함께 재봉사로 일하는 어머니와 근근이 생계를 이어갔다. 채플린은 어머니를 따라 극단 사람들을 따라다녔다. 어느 날은 어머니가 목이 쉬었는데, 채플린이 대신 무대에 올랐다. 쉰 목소리의 어머니를 흉내 낸 것이 히트를 쳤다. 채플린은 삶의 고통 속에서 웃음을 발견했다. 채플린의 영화가 지금도 큰 감동을 주는 이유는 눈물 속에서 피어난 웃음이 있기 때문이다. 그래서 많은 사람들이 그의 영화를 보며 울고 웃는다.

"삶은 가까이서 보면 비극이요, 멀리서 보면 희극이다."

채플린의 말처럼 그는 영화에서 슬프고 애잔한 장면은 얼굴을 크게 담은 클로즈업으로 촬영했고, 코믹한 장면은 배경과 상황을 넓게 볼 수 있는 롱샷으로 촬영했다. 인생을 좁게만 보면 힘들고 슬플 수밖에 없다. 좁은 시선의 교육도 마찬가지다. 눈앞의 시험과 성적에만 집중하는 대한민국 교육을 영화로 비유한다면 클로즈업 샷만 있는 실험영화와도 같다. 얼굴, 눈, 코, 입만 계속 나오는 엽기적인 영상이다. 이런 영상은 실험적인 광고영상은 될 수 있겠지만 2시간짜리 장편영화는 될 수 없다. 사람들이 보기 힘들어서 극장을 나올 것이다.

평가와 시험이 필요 없다는 말이 아니다. 대부분의 영화가 여러 사이즈의 장면으로 이루어져 있듯이 교육의 시기마다 적절한 장면이 필요하다는 것이다. 필요하다면 밤잠을 줄여가며 공부해야 할 때도 있다. 그런데 대한민국 교육에는 클로즈업 샷이 대부분이다. 그러니 출연자도 시청자도 피로하다. 영화에서 클로즈업샷 촬영을 위해 배우가 겪는 고통은 크다. 고통을 겪는 그 모습은 입시에 시달리는 아이들의 모습과 닮았다.

클로즈업 촬영이 들어가기 전에 배우는 눈도 깜박이면 안 된다. 숨도 미리 몰아쉰다. 배우는 자신이 선 자리에 꼼짝 말고 서 있어야 한다. 몸을 움직이지 않고 표정연기와 대사까지 해야 하니 보통 어려운 일이 아니다. 주변에서는 수많은 스태프들이 그를 지켜보고 있고, 강렬한 조명도 비추고 있다. 머리 바로 위에는 마이크가 아른거린다. 이러한 영화촬영의 특성 때문에 무대를 자유롭게 누비던 연극 배우들은 영화 현장을 적응하지 못해 괴로워한다. 입시를 준비하는 아이들의 모습과 무척 흡사하다. 익스트림 클로즈업 샷이다. 대한민국 교육에는 롱샷이 필요하다.

영화의 명장면들은 대부분 롱샷으로 기억된다. 영화 용어에서 화면을 구성하는 용어를 미장센이라고 한다. 화면을 채운다는 뜻이다. 인물과 배경, 무대미술, 소품 등이 아름답게 조화를 이룰 수 있도록 한 장면을 위해 100명 가까운 스태프들이 분주하게 움직인다. 나는 이십대 초반, 영화 현장에 입문한 지 얼마 되지 않은 때에 한강다리를 배경으로 촬영하기 위해 한겨울에 보트를 타고 조명 설치하는 모습을 보며 경이로움을 느꼈다. 배우 한 사람이 애쓰는 클로즈업 샷보다 롱샷이 훨씬 멋지다. 인생도 마찬가지다.

성적과 입시라는 프레임에 갇힌 우리 아이들이 한 발짝을 떼고 나올 수 있도록 용기를 주어야 한다. 영화의 모든 장면을 타이트한 샷으로만 채울 수 없듯이 자녀 교육도 타이트한 입시가 전부가 되어서는 안 된다. 어떤 배우는 영화가 아닌 뮤지컬이나 연극 무대에서 제 기량을 펼친다.

대한민국 교육계는 한 가지 장르만 고집하는 무모하고 무지한 연출가, 제작자들로 가득하다. 바로 교육행정가, 교사, 부모 들이다. 인생이란 영화에는 시험과 점수만 있는 게 아니라고 말해줄 교육 연출가가 필요하다. 찰리 채플린처럼 용기 있는 감독이 자녀 교육에서도 필요하다. 그 교육 연출가 혹은 감독에는 부모가 적임자다.

어쩌면 눈앞의 '입시 성공'을 이루는 일은 쉬울 수 있다. 시험 출제 유형과 문제에 관해 분석하고, 연습하고, 시험을 잘 보면 된다. 이것이 입시 성공을 이루는 비결이다. 참 쉽다. 문제는 그 이후다.

현행 교육제도는 인생을 장기적으로 볼 수 있는 안목을 가린다. 아이들은 대학에서도 점수를 높이려는 시도를 멈추지 않는다. 수능 점수와 내신 등급을 올려서 성공을 경험했기에 토익 점수, 학점, 자격증 등의 스펙을 올리는 것을 성공으로 착각한다. 성적과 등급을 올리지 못하면 낙오자가 될까봐 그 두려움을 기반으로 공부한다. 아이들은 점수 매기는 제도에 익숙해져서 용기를 잃어버렸다. 부족해도, 없어도 할 수 있다는 용기가 살아가는 데 필요하다. 자녀 교육에서는 그 용기를 심어주어야 한다. 그러나 그 일을 해내려는, 용기 있는 어른이 부족한 것이 현실이다. 용기 있는 어른이 필요하다.

찰리 채플린의 떠돌이The tramp 캐릭터

채플린의 가난은 그의 떠돌이 캐릭터를 탄생시켰다. 지나치게 헐렁한 바지, 짧고 꽉 끼는 윗도리, 너무 작은 모자, 칫솔 모양 콧수염은 세상에서 가장 유명한 떠돌이를 만들었다. 떠돌이 의상이 채플린의 몸에 맞지 않았던 이유는 모두 빌린 것들이기 때문이다. 바지는 뚱뚱한 스승에게서 빌렸고, 콧수염은 가발을 다듬어서 만들었다. 그가 가진 것이라곤 대나무 지팡이밖에 없었다. 그마저도 원래 지팡이가 아니라 망가진 우산이다. 채플린은 가진 게 없었지만 용기와 아이디어로 최고의 캐릭터를 만들었다.

기독교를 전 세계에 전파한 사도 바울은 고린도 지역 신도들에게 자신을 '아무것도 없는 자 같으나 모든 것을 가진 자'라고 소개했다. 그는 스스로 텐트 만드는 노동을 통해 생계를 유지했다. 배고픔과 박해, 난파를 겪었지만 자신의 길을 멈추지 않았다. 사도 바울 당대에 비해 많은 것이 갖춰진 현대 교회가 각성해야 할 부분이다. 현대 교회는 '모든 것을 가졌지만 아무것도 없는 자'로 살고 있지는 않은가. 이런 삶을 사는 이유는 돈이 아니라 용기가 없기 때문이다.

교회뿐 아니다. 현재 국내 굴지의 기업들은 척박했지만 용기를 가진 창업가들로부터 시작되었다. 현대그룹의 설립자 고 정주영 회장은 소 판 돈 70원을 가지고 가출했다. 이후 서울에서 경리 공부를 하다가 아버지에게 도로 끌려가면서 핀잔을 들었다.

"대학 나온 놈도 실업자가 되는 판국에 너 같은 조선놈이 올라간다고 해서 다 성공하는 건 아니다."

하지만 그 예측은 틀렸다. 아버지의 예상과는 다르게 정주영 회장은 소 한 마리 값 70원에 1,000배 이자를 얹어 소 1,001마리를 북한에 보냈다. 소년 정주영의 용기를 뺏으려던 아버지의 계획이 성공했다면 지금의 현대그룹은 없다. 하늘나라에서 아들은 아버지에게 사과를 받았을지 궁금하다. 정주영 회장 부친의 말은 21세기 부모들에 의해 되풀이되고 있다. 만일 위와 같은 말을 한 부모가 있다면 지금 자녀에게 사과하자.

우리 교육은 어떤가? 부모인 당신은 자녀에게 어떤 말을 해주고 있나? 대학을 나오지 않으면, 지방대학 출신이라면, 스펙이 낮으면 성공할 수 없다고 저주하고 있지는 않은가? 많은 것이 부족해도 용기가 있다면 모든 것이 있는 것이라고 아이들을 격려하자. 용기 있는 사람이 인생을 바꾸고 세상을 바꿀 수 있다. 찰리 채플린이 그것을 증명했다. 반면 채플린과 동갑내기인 히틀러는 청년기에 좌절을 맞았을 때 격려를 받지 못했다. 그 결과 용기 대신 객기가 발동해 인류를 죽음과 위험에 빠뜨렸다.

객기보다
용기를 주는 교육

용기는 상황이나 사물을 두려워하지 않는 마음이다. 용기 있는 사람들 덕분에 인류는 불을 쓸 수 있었고, 낭떠러지 바다를 건너 신대륙을 발견했으며, 달에 발자국을 남겼다. 나도 용기를 내서 첫 책을 쓰고 있다.

객기는 객쩍게 부리는 혈기를 뜻한다. '객쩍다'는 행동이나 말, 생각이 쓸데없다는 의미다. 객기는 쓸데없는 데 통제 없이 쏟는 에너지다. 객기 부리는 사람들 때문에 주변이 피곤하다. 난폭운전, 주취사고, 학교폭력, 가정폭력이 객기 때문에 벌어진다. 용기 있는 사람은 책을 쓰고, 객기 부리는 사람은 악플을 단다.

용기와 객기는 둘 다 두려움이 없는 기운이다. 차이가 있다면 유용성과 절제다. 용기가 이성과 감정의 통제 안에서 발휘된다면 객기는 절제 없이 행해진다.

내가 고등학교 시절 가수 지누션의 〈가솔린〉이란 노래가 유행했다. 가사 내용은 이렇다.

> 넌 겁 없던 녀석이었어 매우 위험했던 모습
> 칼날 같은 눈빛과 차디찬 웃음과
> 너의 냉정함에 모두 침묵했고
> 네게 맞선 사람들은 모두 다 하나같이
> 네게 무릎을 꿇었어

분별없고 겁 없이 사는 것은 객기 부리는 삶이다. 이를 자랑스럽게 여기는 청소년들이 있다. 노래 가사처럼 객기를 부리면 가솔린처럼 주변을 위험에 빠뜨리고 자신도 증발된다. 무모한 십대가 폭행, 무면허 운전, 강도, 절도 등 폭발 직전의 위험한 일을 벌인다.

2019년 법원이 발간한 사법연감에 따르면 소년보호사건 중 폭행 사건은 총 1,779건으로, 10년 전인 2009년 465건에 비해 4배 가까이 증가했다. 하루 평균 5번은 대한민국 어디선가, 누군가는 때리고 누군가는 맞았다.

같은 해 교육부는 초등학교 4학년부터 고등학교 3학년까지 모든 학생을 대상으로 '학교폭력 실태조사'를 했다. 조사에 참여한 372만 명 중 6만 명이 학교폭력을 당한 적 있다고 답했다. 비율로 보면 1.6%의 낮은 수치이지만 내 아이는 아닐 거라고 안심하지 말자. 당하는 아이에게는 100%의 폭력이다. 초등학교의 경우 평균보다 2배

이상 높은 3.6%가 학교폭력 피해를 입었다. 아이들은 폭력도 선행학습했다. 사회성을 위해 홈스쿨링 대신 학교에 보내라는 가족과 지인에게 말하고 싶다.

"학교는 생각보다 위험합니다."

전국 학교폭력 피해 학생들이 상암월드컵경기장에 모였다고 상상해보자. 그들이 동시에 도와달라고 울부짖는다면 응원의 함성 대신 애통함의 울음이 경기장에 울려퍼질 것이다. 끔찍하다. 6만 명의 통곡과 눈물을 결코 외면해선 안 된다.

6만 명에 100을 곱하면 600만 명이다. 나치 독일이 1933년부터 1945년까지 학살한 유태인의 숫자다. 2020년 현재 인구 수 기준으로 덴마크 또는 싱가폴 전 국민이 완전히 사라진 것이다. 제2차 세계대전은 1945년 8월 일본 히로시마와 나가사키에 떨어진 2발의 원자폭탄으로 종료되었다. 전문가들은 두 발의 원자폭탄으로 최대 25만 명이 사망했다고 추정한다. 사망자 숫자로만 본다면 유럽에 12년 동안 서른 발의 원자 폭탄이 떨어진 것이나 다름없다. 이 인류사 최대 비극의 장본인은 아돌프 히틀러다. 그는 겁 없는 십대였다.

겁 없는 십대는 원자폭탄 같은 존재다. 원자폭탄의 주 원료는 농축된 우라늄이나 플루토늄이다. 비뚤어진 십대 청소년을 만드는 주 원료는 폭력적이고 사랑 없는 가정환경이다. 아돌프 히틀러도 마찬가지다. 히틀러의 아버지는 지방 세무서장으로, 아들을 귀족학교에 보낸 중산층 가장이었다. 그는 예술가가 되고 싶어 하는 아들에게 공무원이 되기를 강요하면서 폭력을 일삼았다. 히틀러는 《나의 투쟁》에서 아버지를 존경했으나 사랑을 느낀 적은 없다고 고백한다.

가난한 가정환경이 불량청소년을 만든다는 편견이 있다. 그러나 히틀러 가정은 전혀 가난하지 않았다. 십대 나이의 히틀러에게는 세무서장 출신 아버지와 자녀가 없는 고모들이 물려준 재산이 있었다. 어머니도 히틀러에게 용돈을 두둑히 주었다. 히틀러가 부업 삼아 그리던 그림엽서도 잘 팔렸다. 청년 히틀러는 여유로운 재정을 바탕으로 옷을 사고, 바그너의 오페라를 보러 다녔다. 20세기 초 플렉스flex하던 히틀러가 희망을 찾은 곳은 불행하게도 전쟁터였다. 제1차 세계대전이 터지자 히틀러는 자원입대했고, 큰 공을 세워 철십자 훈장을 받았다. 무력감에 젖어 살던 이십대 청년 히틀러는 삶의 의욕과 용기(실은 객기)를 전쟁터에서 찾았다. 군대 시절을 회고하며 그는 고백한다.

<u>"내 인생에서 가장 찬란하고 가장 잊을 수 없는 시간이었다."</u>

아버지가 아들 히틀러에게 공무원을 강요하지 않았다면, 그가 원하던 화가의 꿈을 이뤘다면 현재 우리가 살고 있는 세계는 어떠했을까 상상해본다. 지금 대한민국에는 공무원을 강요당하는 '리틀 히틀러'는 없는지 걱정된다. 무엇보다 히틀러의 아버지가 아들을 더 사랑했다면, 유산과 연금 대신 건강한 용기를 심어주었다면 객기로 인한 인류 최악의 참사는 벌어지지 않았을 것이다. 폭력적이고 사랑 없는 가정에서 자란 한 아이가 청년 시절 전쟁터에서 희망을 발견한

후 인류를 절망에 빠뜨렸다.

히틀러의 객기는 질문 없는 삶에서 시작되었다. 병사 히틀러는 입대할 때 전쟁의 명분을 묻지도 따지지도 않았다. 히틀러는 승리만을 열망하던 분위기에 편승했다. 용기가 없어서 질문이 없었고, 질문이 없기에 삶의 목적을 잃었다. 목적 없이 참가한 전쟁터에서 인정받은 히틀러는 최악의 전쟁을 일으켰다. 용기 없고 질문 없는 자녀를 키우는 것은 이처럼 위험한 일이다. 반대로 우리 자녀를 용기 있고 질문 있는 아이로 키운다면 인류 평화에 보탬이 될 것이다.

EBS 5부작 다큐프라임 〈우리는 왜 대학에 가는가?〉 중 〈말문을 터라〉 편은 질문하지 않는 한국 대학생을 주제로 다룬다. 한국 대학생들 대부분은 수업에서 교수가 말하는 내용만 들을 뿐 질문하지 않았다. 대한민국 학생들은 언제부터 질문하지 못한 걸까?

방송은 초등학교 교실도 보여 준다. 아이들은 손을 번쩍 들어서 질문한다. 모르는 것이 있으면 교사에게 묻길 주저하지 않는다. 반면 중학교, 고등학교에 가면 분위기가 다르다. 학생들은 질문하지 않는다. 교사들의 억압 때문이다.

"조용히 해."

"입 다물어."

"진도 나가야 돼."

강압적인 교육환경에서 질문할 수 있는 아이는 드물다. 이런 교실 안에서 질문하는 아이는 왕따 되기 십상이다. 아이들에게 질문할 기회를 주지 않는 것은 용기를 뺏는 일이다. 중고등학교 6년 동안, 오로지 입시를 위해 질문 없는 시간을 보낸 아이들이 대학생이 되어 질문하지 못함은 당연한 결과일 수 있다. 대한민국 대학생들에게 왜 질문을 못하냐고 타박하는 것은 때려놓고 왜 아프냐고 묻는 꼴이다. 질문하는 용기를 뺏으면 안 된다. 반면 용기 있는 사람은 질문을 통해 거듭난다. 공자의 제자 자로도 그중 한 명이다.

공자의 3대 제자는 자공, 안연, 자로다. 자공이 지식智, 안연은 인자仁를 대표한다면 자로는 용기勇로 상징된다. 예수의 제자와 비교한다면 무모하기까지 했던 베드로와 닮은꼴인 제자가 바로 자로다.

자로는 스승 공자를 만나기 전에 힘센 야인이었다. 더벅머리에 꿩 깃털을 꽂은 관을 쓰고, 가죽 옷을 입은 채 긴 칼을 차고 다녔으니 영화나 드라마에 등장하는 산적의 모습을 상상하면 자로의 모습과 흡사하다. 자로는 젊은 선비들을 현혹하고 있다는 공자를 찾아가서 그를 망신 주기 위해 강의 현장에 의기양양하게 등장한다. 자로가 행패를 부리기 전 공자는 질문 하나를 던진다.

"그대는 무엇을 좋아하는가?"

자로가 대답한다.

"나는 긴 칼을 좋아한다."

공자는 그를 부드러운 미소로 바라보며 본질적인 질문을 던진다.

"나는 그런 것을 묻는 것이 아니다. 그대가 능한 것 위에 배우기學와 묻기問를 더하면 누가 그대를 따라잡겠는가. 나는 이것을 묻는 것이다."

'학문'의 한자는 '學問'이다. 배우고 묻는 것이다. 학문을 통해 더 나은 사람이 될 수 있다는 공자의 가르침에 야인 자로의 객기가 꺾인다. 그는 이제 스승으로 삼을 공자 앞에 양손에 쥔 수탉과 새끼 돼지를 내려놓고 두 번 절한다.

"삼가 가르침을 받겠습니다."

자로는 그날부터 공자의 제자가 된다. 질문을 통한 교육이 야수 같던 사람을 변화시켜 위인으로 만든 것이다. 이게 바로 질문의 힘이다. 대한민국 교육은 반쪽자리 학문이다. 배우기만 있고 묻기가 없다. 학學만 있고 문問이 없는 것이다. 대한민국 학문에 탈출구가 필요하다. 학문의 출입문은 질문인데, 문 없는 갑갑한 교실 안에서 아이들은 길을 잃고 엎드려 잔다. 졸려서 잘 수도 있겠지만 길을 잃어 갈 곳이 없어 잠을 택한다.

우리 교육은 길을 제시해야 한다. 자로子路의 이름처럼 길路을 터주는 교육이 필요하다. 우리 아이들은 자신이 좋아하는 것을, 배움의 이유를 발견하는 사람이 되어야 한다. 그러려면 교육에 질문이 있어야 한다. 질문 있는 교육이 객기 아닌 용기 있는 사람을 만든다. 질문이 인생의 길을 터준다.

자녀에게 세상을
풍자하는 용기를

〈위대한 독재자〉는 나치 독일을 풍자한 영화다. 한자로 '풍자諷刺'를 풀이하면 '비유하고 찌른다'는 뜻이다. 풍자는 위선적이고 억압적인 사람, 능력에 맞지 않는 자리에 오른 권력자들을 우스꽝스럽게 만든다. 풍자는 문제를 폭로한다. 풍자 대상이 자신을 비유한 표현을 보고 변화가 생기게끔 양심을 아프게 찌른다. 그래서 시사만평과 4컷 만화, 코미디 프로그램에서 권력자나 사회제도를 우스꽝스러운 모습으로 풍자하는 것이다. 채플린에게 히틀러와 나치 독일은 풍자거리였다.

〈위대한 독재자〉는 히틀러와 나치를 풍자한 영화였기에 당시 나치 독일에서 상영 금지되었다. 그러나 히틀러는 포르투갈에서 필름을 입수해 두 번이나 영화를 감상했다. 히틀러의 부관이었던 로후스 미슈는 그가 찰리 채플린의 영화를 아주 좋아했다고 회고한다. 히틀러보다 더 이른 시기에 유명해진 채플린의 콧수염을 히틀러가 따라

했다는 설도 여기서 비롯한다. 자신과 나치를 풍자한 영화 〈위대한 독재자〉를 보고도 히틀러가 바뀌지 않은 이유는 풍자를 해석하는 능력이 떨어졌거나, 아무리 찔러도 바뀌지 않을 만큼 양심이 딱딱하게 굳어 있었기 때문일 것이다.

채플린은 히틀러를 상징하는 독재자 힌켈과 똑 닮은 유태인 이발사 찰리를 1인 2역 연기했다. 세계대전에서 패한 국가 토메니아의 독재자 힌켈은 세계정복을 꿈꾸며 유태인을 탄압한다. 이발사 찰리는 유태인 수용소에 끌려가지만 탈옥하면서 찰리와 힌켈은 서로 자리가 맞바뀐다. 이발사가 최고 지도자의 자리에 오르고, 독재자가 수용소에 갇힌다. 유태인은 아니었지만 집시 혈통이었던 채플린은 이와 같은 풍자로 압제자 히틀러를 우스꽝스럽게 만들었다.

인류가 나치 독일의 압제로 침묵할 때, 채플린은 용기를 내어 금기의 코미디에 도전했다. 〈위대한 독재자〉가 개봉했던 1940년은 나치 독일이 프랑스, 벨기에, 네덜란드, 룩셈부르크를 침공, 점령하며 맹위를 떨칠 때였다. 나치가 무너졌을 때는 누구라도 풍자할 수 있지만 힘 있을 때 풍자할 수 있는 사람은 드물다. 채플린처럼 금기의 영역에 용기 내는 사람들이 있어서 인류는 희망을 꿈꿀 수 있다. 우리 아이들이 교육을 통해 오리지널 용기를 가져야 하는 이유다.

채플린은 풍자 영화로 나치 독일을 비판하며 평화로운 세상을 위한 용기를 냈다. 노예해방운동, 여성참정권, 노동자 권리 보호, 아동권리 등 우리가 현재 누리고 있는 혜택은 용기 있는 사람들의 열매다. 우리는 금기와 공포의 시대에 용기 있는 도전을 한 사람들로 인해 오늘을 누린다. 그러나 오늘 우리는 작은 용기조차 내기 어려운 시대를 지나고 있다. 용기 대신 포기가 당연한 문화로 자리 잡았다. 언론은 젊은 세대를 '포기'로 정의했다. 연애, 결혼, 출산까지 포기한 삼포세대, 집과 경력을 포함하면 오포세대이다. 다섯 가지 포기에 취미와 인간관계를 더하면 칠포세대로까지 발전한다. 최근에는 칠포를 넘어 N포세대가 되었다.

N포세대는 전국을 공분에 들끓게 한 N번방 사건을 주도했다. 이들은 생산적인 도전 대신 약자를 괴롭히는 악한 일에 혈기를 쏟았다. 조주빈, 강훈, 이원호, 문형욱은 온라인에서 각각 박사, 부따, 이기야, 갓갓이라는 아이디로 가면을 썼다. 현실세계에서 평범한 남성으로 지내던 사람들이 온라인 세계에서는 가면을 쓰고 많은 여성들의 인격과 삶을 망가뜨렸다.

N번방 피해자 수는 대표격인 '박사방'에서 알려진 것만 74명이다. 이 중 미성년자 피해자는 16명이다. 괴롭힘의 차이만 있을 뿐 21세기 히틀러는 텔레그램, 디스코드 등 사이버 공간에서 활동하고 있다. 20세기 독재자는 얼굴과 이름이 당당하게 드러나는 악인이었지만, 온라인 악당은 랜선과 와이파이 뒤에 숨어서 더욱 교묘하게 사람의 영혼을 파괴한다. 우리 아이는 예외라고 단정하지 말자. '박사방'의 박사도 한때는 평범한 남자아이였다.

가해자뿐 아니라 N번방에 동조한 사람들도 독일의 정치이론가인 한나 아렌트가 말한 '악의 평범성'을 여실히 드러낸다. '악의 평범성'이란 "모든 사람들이 당연하게 여기고 평범하게 여기는 일이

아돌프 히틀러의 아기 때 모습

악이 될 수 있다"는 것이다. 나치 고위관리로서 유태인 학살을 저지른 아이히만도 개인적으로 만나면 매우 친절하고 선량한 사람이었다. 지금도 겉보기엔 친절하고 평범한 사람들이 디지털 성범죄에 가담한다. 박사방에서 '맛보기 방' 회원은 1만 명, 유료회원은 3만 명, 가담자는 약 6만 명에 이른다. 이들 중 대다수는 십대와 이십대다. 악랄한 범죄를 주도하고 가담한 사람들은 불과 몇 년 전만해도 귀여운 아기였고, 순진한 얼굴을 한 초등학생이었다는 점을 기억하자. 히틀러도 한때는 순진무구한 아기였던 시절이 있었다.

친절하고 선량한 사람의 가면을 쓰고 악을 저지르는 이유는 무엇일까? 여러 가지 이유가 있겠지만, 성장기 또래문화 압박의 영향이 크다. 고대 철학자 플라톤조차 이런 말을 하며 또래문화의 압박으로 악영향을 받는 학생들을 걱정했다.

"스스로 원해서 나쁘게 된 사람은 없다."

아이는 어릴 때 부모를 따라하지만 학교에 가면 동급생을 모방한다. 아이는 학교에서 또래들을 따라 비속어를 쓴다. 한 아이가 폭력적인 말을 쓰면 또 다른 아이가 영향을 받고 따라한다. 멋있어 보이기 때문이다. 그래야만 또래들과 쉽게 동화되기 때문이다. 그를 위해 아이들은 저마다 금기에 도전하게 된다.

2010년 11월 공개된 〈학교생활에서의 욕설 사용 실태 및 순화 대책〉을 보면 초등학교부터 고등학교 학생들이 욕하는 추세와 동기, 그리고 욕설을 일상어로 사용하는 원인을 알 수 있다. 아이들의 욕설 사용은 1990년대부터 변화의 조짐이 있었다. 이전에는 학습 성적이 좋지 않거나 결손 가정에서 자라 가정교육을 제대로 받지 못한 일부분의 학생이 욕을 사용하는 것으로 밝혀졌다. 그러나 현재는 아이의 성적, 부모의 직업 및 학력 등과 상관없이 욕을 쓰는 것이 일상화되었다.

2009년 3월 한국방송에서 방영된 〈10대, 욕에 중독되다〉 프로그램은 학년, 남녀, 모범생 여부에 상관없이 아이들이 욕을 사용하고 있음을 밝혀냈다. 당시 실험 관찰 대상인 고등학교 여학생 4명의 대화를 약 45분 동안 관찰했다. 그 결과 아이들의 대화 속에 약 15종류의 욕이 있었으며, 욕을 한 횟수는 약 248번이었다. 욕 없이는 대화하지 못했던 10년 전의 아이들이 이제는 성인이 되었다. 그들은 과연 욕 중독을 끊을 수 있었을까?

타인을 욕하는 언어생활은 주로 학교에서 배운다. 보고서에 따르면 아이들이 욕설을 처음 사용한 시기는 초등학교 고학년이 58.2%로 가장 많았고, 초등학교 저학년이 22.1%였다. 약 80%의 아이들이 초등학교 때 욕에 입문한 것이다. 10년 전 조사 결과인데, 지금은 어떨까?

선행학습이 발달된 우리 교육을 본다면 대부분 초등학교에서 욕을 떼고 중학교에 입학하지 않을까 예상한다. 보고서에 나열된 아이들이 알고, 쓰고 있는 욕설들을 보고 있으면 민망하고 참담하다. 욕의 대부분이 성(性)에 관련된 것이기 때문이다. 무분별하고 파괴적인 성은 언어에서 비롯되었다. 사람은 생각한 대로 말하고, 말하는 대로 산다.

청소년들의 평균 성관계 연령이 점차 낮아지고 있다. 질병관리본부의 '2016년 청소년건강행태온라인조사'에 따르면 청소년 100명 중 5명이 성경험이 있는 것으로 나타났다. 성경험이 있는 청소년이 처음 성관계를 한 나이는 평균 만 13.1세였다. 중학교 1학년 나이다. 아이들이 성 관련 지식을 음란 동영상을 통해 접하면서 폭력적이고 파괴적인 성관계에 중독되는 것은 더 심각한 문제다.

N번방 확산은 아이들이 음란 동영상을 보는 습관과 일상에서 흔히 쓰는 욕으로 시작되었다. 부모보다 더 오랫동안 시간을 보내는 학교와 학원 친구들이 욕을 하고 음란물을 본다. 또래문화의 압박을 무시하고 '내 아이는 아니겠거니' 방심하는 것은 무책임한 태도다. 아이들이 제멋대로 욕을 사용하게 내버려두는 것은 또 다른 N번방

과 박사방을 만드는 일이다. 욕을 쓰는 것이 부끄러운 일임을 가르쳐야 한다. 부모부터 바른 말을 쓰자.

누구나 욕을 쓴다고 해서 당연히 여겨서는 안 된다. 유태인 학살도 나치 독일에서는 당연하게 취급되었다. 예술가는 욕을 쓰고 성착취 영상을 보는 사람들을 우스꽝스럽게 풍자해야 한다. 타인을 아프게 하는 사람들의 양심을 찌르자. 〈위대한 독재자〉의 채플린처럼 풍자를 시도했을 때 세상은 웃음을 찾을 수 있다. 진짜 용기는 모두를 미소짓게 한다.

채플린은 작곡과 작사도 했다. 흥얼거리게 만들었던 그의 노래 중에 〈Smile〉이 있다. 채플린의 팬이었던 마이클 잭슨이 리메이크했던 노래이기도 하다. 가사 중 일부를 번역하면 이렇다.

> 웃어요, 마음이 찢어져도
> 웃어요, 가슴이 부서져도
> 하늘에 구름이 덮여 있더라도 괜찮아질 거예요.
> 만일 당신이 두려움이나 슬픔을 참고 웃는다면,
> 내일은 빛나는 태양을 볼 수 있을 거예요.

나 역시 또래문화의 압박을 받던 청소년 시절에 이 노래를 들으며 위로를 얻었다. 채플린 시대와 마찬가지로 지금도 먹구름이 가득 껴 있다. 인류사에 언제나 시련은 있었다. 우리 아이들은 제2차 세계대전과 같은 큰 전쟁은 아니지만 학교에서 일상의 작은 전쟁을 치르고 있다.

문화와 시류를 바꿀 수 없다고 압박하는 시대에 용기 있는 아이로 키우자. 욕하지 않을 용기를 내라고, 아름다운 성을 지키고 가꾸는 용기를 내자고 아이들을 격려하고 가르치자. 우리 아이들이 잘못된 것은 아니라고 말할 수 있는 용기 있는 어른으로 자라도록 돕는 부모가 되자. 집시 혈통이지만 나치를 풍자한 찰리 채플린의 용기를 배우자.

역사를 바꾸는
위대한 연설

2013년 7월, 몽골 다큐멘터리 〈집으로 가자〉 제작을 할 때다. 영화 도입부를 아름다운 자연으로 담고 싶어서 몽골 테를지 국립공원에 갔다. 몽골의 7월은 해가 길다. 밤 10시쯤 해가 지고 새벽 4시가 좀 지나면 해가 뜬다. 해가 뜨는 장면을 담기 위해 밤하늘에 쏟아지는 별 보기를 마다하고 전통가옥인 게르에 누워 일찍 잠을 청했다. 새벽 4시에 일어나 어둠 속에서 장비를 조립하고, 해 뜨는 곳을 향해 렌즈 초점을 맞췄다. 녹화버튼을 누른 채 1시간 정도 기다렸다. 일출을 담기 위해 이제 할 수 있는 일은 없다. 떠오르는 해를 기다릴 뿐이다.

매번 일출 촬영을 하면서도 해 뜨는 모습을 보고 있노라면 깊은 감동을 받는다. 몽골의 광활한 대지 위에 떠오르는 해는 더욱 특별했다. 바로 옆 게르에서 만취한 몽골 현지인들이 다투는 소리가 들렸다. 천막 밖으로 나온 그들이 행여라도 카메라를 향해 다가와서 시비를 걸까봐 긴장했다. 기도하는 마음으로 해를 기다렸다. 다행히 일출 장면을 잘 담았고 장비도 무사했다. 언제나 해뜨기 전이 가장 어두운 법이다.

인류 역사에도 긴장과 어둠 속에서 해 뜨기를 마냥 기다릴 수밖에 없었던 시간이 있었다. 전쟁, 인종차별, 식민지 역사가 그러했다. 그 캄캄한 역사 속에서 광야의 외침이 되어 기다림의 시간을 앞당긴 사람들이 있었다. 그들은 위대한 연설로 흑암 속의 등불이 된 용기 있는 사람들이다. 링컨, 윈스턴 처칠, 마르틴 루터 킹 주니어, 넬슨 만델라, 안창호……. 그들이 어둠 속에서 부르짖은 외침은 지금도 밝게 빛나고 있다.

"시민의, 시민에 의한, 시민을 위한 정부가 지방에서 사라지지 않아야 한다는 그 위대한 사명에 우리 스스로를 바쳐야 합니다."

—에이브러햄 링컨, 〈게티즈버그 연설〉 중

"우리의 목적이 무엇이냐고 물으신다면, 한 단어로 대답하겠습니다. 그것은 승리입니다. 승리 없이는 생존도 없기 때문입니다."

—윈스턴 처칠, 〈제2차 세계대전 전시 총리 취임 연설〉 중

"나에게는 꿈이 있습니다. 언젠가 이 나라가 모든 인간은 평

등하게 태어났다는 것을 자명한 진실로 받아들이고, 그 진정한 의미를 신조로 살아가게 되는 날이 오리라는 꿈입니다."
-마르틴 루터 킹 주니어,　　-〈1963년 워싱턴 군중집회 연설〉 중

"모든 이에게 정의를 안겨줍시다. 모든 이에게 평화를 안겨줍시다. 모든 이에게 일과 빵, 물과 소금을 안겨줍시다. 모든 이에게 알립시다. 개인의 몸과 마음과 영혼은 자유롭다는 것을."
-넬슨 만델라, 〈1994년 대통령 취임 연설〉 중

"여러분, 여러분이 과연 한국을 사랑하십니까? 과연 우리 민족을 구원하고자 하십니까? 그렇거든 우리는 공연히 방황, 주저하지 말고 곧 이 길로 나갑시다. 오직 우리의 갈 길은 다만 이 길뿐이오. 나는 간절한 마음으로 이같이 크게 소리쳐 묻습니다. 한국 민족아! 너희가 개조할 자신이 있느냐?"
-도산 안창호, 〈1919년 상하이 연설〉 중

오랜 시간이 지났어도 위대한 연설은 힘을 잃지 않는다. 오늘날 연설문을 읽기만 해도 우리 가슴을 뛰게 한다. 말이 가진 힘은 세다. 글로만 읽는 데도 강력한 힘이 느껴지는데, 현장에서 살아 있는 목소리로 듣는 연설은 사람들의 영혼과 가슴을 고동치게 했을 것이다. 용기 있는 목소리가 세상을 바꿨다. 연설은 군사력, 과학기술보다 역사에 미친 영향이 훨씬 크다. 역사에 기록되는 인물로 자녀를 키

우고 싶은가? 그렇다면 연설하고 선포하는 아이로 교육하면 된다.

내가 어릴 때만 해도 웅변학원이 있었다. 마지막 멘트는 항상 같았다.

"이 연사 외칩니다!"

그러나 목소리만 높인다고, 화법이 세련되고 강렬하다고 위대한 연설이 되진 않는다. 두려움에 맞서는 용기가 담겨 있어야 한다. 위대한 연설에는 전쟁, 압제, 차별에 굴하지 않는 정신이 있기에 감명을 준다. 우리 시대는 어떤가? 우리 자녀들은 용기를 가지고 말하고 있나? 이전에 울려퍼지던 용기 있는 외침은 잠잠해졌다. 거리와 지하철에는 카톡 소리만 즐비하고, 유튜버의 '구독과 좋아요' 눌러달라는 외침만 가득하다.

100년 전, 안창호 선생이 외친 것처럼 전면적인 개조가 필요하다. 도산 선생이 외친 연설을 현재 우리가 가진 문제에 응용하면 다음과 같다.

"SNS 민족아! 짤방 민족아! 줄임말 민족아! 너희가 개조할 자신이 있느냐?"

나는 자신이 없다. 현실의 사람과 대화하고 자기 의견을 소리 내어 말하는 방법을 자녀에게 가르치지 않는다면 위대한 연설은 이 땅에서 사라질 것이다. 줄임말과 이모티콘이 연설의 자리를 대신 차지할 것이다. 이미 그들의 비중은 상당히 높다. ㅎㅎ와 ㅋㅋ, 각종 이모티콘이 대부분의 대화로 채워지고 있다. SNS나 문자를 통해 사람들은 말하는 법을 잊고 산다. 태어날 때부터 스마트폰이 손에 쥐어진 세대는 목소리 내서 전화하기를 두려워한다. '전화 공포족'은 이렇게 탄생했다.

'전화 공포족'은 통화할 때 과하게 긴장하거나 통화 자체를 피하는 사람들이다. 이들은 전화가 오면 일부러 받지 않고 있다가 나중에 메신저로 용건을 묻는다. 사무실에서 전화가 울리면 가슴이 뛰고, 전화 걸 땐 미리 내용을 써놓고 연습한 뒤 통화를 한다. '전화공포증을 위한 상황별 맞춤 대본'도 등장해서 화제를 모았다. 식당 예약할 때, 예약 취소할 때, 교수님에게 문의할 때 등의 전화법이 소개되었다. 2019년 취업포털 커리어 설문에 따르면 전화 공포증의 이유로 '말실수할까 봐'(53.9%)와 '말을 잘 못해서'(26.8%) 등이 꼽혔다.

통화를 두려워하는 시대 흐름을 읽고 새로운 사업이 등장했다. 말하지 않아도 주문할 수 있는 배달앱, 대중교통앱을 개발하는 회사가 기하급수적으로 늘어났고, 대박을 터트렸다. 그러나 의사소통 교육에 있어서는 쪽박이다. 말하지 않아도 문제를 해결할 수 있는 환경에 머문다면 사람은 자신의 의견을 말할 기회를 잃는다.

스피치 수업을 따로 배우면 된다는 의견은 억지다. 일상에서 쓸 수 없는 교육이 아무 효과 없다는 것을 대한민국 영어 교육이 이미 증명했다. 10년 넘게 영어에 돈과 시간을 쏟아부어도 원어민과 말 한마디 못하는 사람이 대다수다. 10년 동안 SNS와 비대면 앱을 사용하며 자란 아이들이 실제 사람과 대면해서 자신 있게 말하기를 기대해선 안 된다. 그때 가서야 인터뷰 준비를 한다면 이미 늦은 것이다. 입시와 취업에도 불리해진다. 자기 생각을 조리 있고 자신 있게 말하지 못하는 사람을 뽑아줄 기업은 없다.

　너무 절망하지 말자. 희망은 있다. 말하지 못하는 세상에서 말할 줄 아는 아이로 키우면 된다. 4차 산업혁명 시대라도 세계의 지도자들은 중요한 자리는 직접 찾아간다. 미국 대통령과 아마존 총수가 원격회의 도구가 없어서 비행기를 타고 날아가겠는가? 자녀를 리더로 키우기 위해 말하는 법을 가르쳐야 하는 이유다. 유튜브를 보고 '좋아요'만 누르고 댓글만 남기는 사람이 있는 반면, 어떤 사람은 자기 생각을 말하기만 했는데도 대박을 친다. 여러분의 자녀는, 부모인 당신은 어떠한가? 악플은 용감하게 달지만, 전화벨만 울리면 가슴이 두근거리는 겁 많은 아이로 자녀를 키우지 말자.

　나는 말하는 용기를 내서 작은 승리를 경험한 적이 있다. 창업 첫해, VR/AR 관련 실리콘밸리 해외연수 정부지원사업에 지원했다. 수일 간 밤잠 설쳐가며 문서를 작성해서 제출했다. 도무지 승산이 없어 보였다. 이제 갓 창업한 내 서류는 다윗이 쥔 돌멩이에 불과했다. 그러나 다윗은 돌멩이를 자신의 물매에 감아 던져 강력한 힘으로 골리앗을 쓰러뜨렸다. 나의 물매는 영상, 그중에서도 인터뷰였다. 나는 내 사업아이템을 소개하는 인터뷰 영상에 직접 출연하고 편집해서 추가로 제출했다.

　결과는 합격. 절실한 스피치가 심사관의 마음을 움직였다. 1주일의 연수 기간 동안 나는 국내 굴지의 대기업 담당자들과 샌프란시스코에서 세계 최고의 가상현실 기술을 경험할 수 있었다. 말 한마디가 천냥을 번다.

직업상 인터뷰 촬영을 많이 한다. 그런데 특정 분야의 전문가라도 자기 의견을 제대로 말하지 못해 애를 먹는 경우가 있다. 출연자도 힘들고 촬영하는 나도 괴롭다. 나는 나보다 더 좋은 대학을 다니고 더 높은 학위를 받은 전문가들에게 말하는 법을 줄곧 가이드해야 했다. 그들은 공부만 했지 말하는 법을 배우지 못한 것이다.

지식이 많다고 세상을 바꿀 수 있는 것이 아니다. 세상을 바꾸는 사람은 위대한 연설을 하는 사람이다. 영화 〈위대한 독재자〉에서 위대한 연설을 했던 찰리 채플린은 무학이나 다름없다. 굳이 구분하자면 홈스쿨링 출신이다. 나는 그의 연설문을 읽으며 학벌과 학위에 목숨 건 대한민국 교육에 말할 줄 아는 아이가 필요하다고 외친다. 말이 사라진 캄캄한 시대에 채플린의 외침은 여전히 빛으로 다가온다.

"누가복음 17장엔 '하나님 나라는 사람들 가운데에 있다'고 하였습니다. 한 사람, 한 무리가 아닌, 모든 인류에게, 바로 여러분의 마음속에 있는 것입니다! 당신은 기계를 창조할 능력도, 행복을 창조할 힘도 지니고 있는 것입니다! 삶을 자유롭고 아름다운, 멋진 모험으로 만들 수 있는 힘을 지닌 것입니다. 그러니 민주주의의 이름으로 그 힘을 사용합시다. 화합을 이룩합시다. 모두에게 일할 기회를, 젊은이에게 미래를, 노인들에게는 안정을 제공할 훌륭한 세계를 건설하기 위해 싸웁시다."

채플린의 연설처럼 포기하지 않는다면, 용기를 낸다면 언제나 희망은 있다. 자녀 교육에 있어 용기를 내야 할 가장 중요한 것이 사랑이다. 다음 장에서 소설을 원작으로 한 영화 〈반지의 제왕〉과 함께 사랑의 모험을 떠나보자.

 팝콘 넷

질문하는 아이가 용기 있다

질문하지 못하는 이유는 용기가 부족해서라고 말했다. 용기 있는 질문은 '나'를 향한 질문이다. 내면을 향한 질문을 부모와 자녀가 함께 나눈다면 가족이 용기를 얻고 험한 세상을 잘 헤쳐갈 수 있을 것이다.

내면을 향한 용기 있는 질문

1. **나는 누구인가?**(MBTI / 애니어그램 / DISK검사를 통해 성향을 알아볼 수 있다.) 처음 만나는 타인에게 한 문장으로 소개할 수 있는 문장을 만든다.
2. **나는 무엇을 꿈꾸는가?**

   내 꿈을 직업 같은 명사형이 아닌 동사형으로 발표하고 동사형 꿈에 잘 어울리는 직업을 말해보자.

   (예: 동사형 꿈-이야기를 만드는 사람 / 명사형 꿈-작가, 영화감독, 기자, 개그맨, 동기부여 강사 등)

3. 나의 묘비에는 무엇을 새길 것인가?

삶과 죽음은 동행한다. 시간이 지날수록 우리 인생은 죽음이라는 엔
딩에 가까워진다. 해피엔딩을 꿈꾸며 죽음을 생각하는 삶이 가치 있
는 이유다.

위인들의 묘비명을 참조해서 자신의 묘비에 남길 말을 생각하고 적
어보자.

● 조지 버나드 쇼: "우물쭈물 하다 내 이렇게 될 줄 알았다."

● 토머스 모어: "고결한 양심, 불멸의 영혼"

● 미켈란젤로: "영혼은 신에게, 육체는 대지로"

● 니코스 카잔차키스: "나는 아무것도 바라지 않는다. 나는 아무것도 두
려워하지 않는다. 나는 자유다."

chapter 5

〈반지의 제왕〉
그리고 사랑

믿음과 희망과 사랑,
이 세 가지는 언제까지나
남아 있을 것입니다.
이 중에서 가장 위대한 것은
사랑입니다.

성서 〈고린토인들에게 보내는 첫째 편지〉 중에서

사랑으로
세상이 바뀌었다

영화 〈반지의 제왕〉은 포기하지 않는 사랑이 맺은 열매다. 원작자 톨킨은 소설의 영화화는 절대로 불가능할 거라고 장담했다. 소설을 읽어 보면 충분히 납득할 수 있다. 소설 〈반지의 제왕〉에 등장하는 인물, 사건, 배경, 세계관은 인간 상상력의 절정을 보여준다. 톨킨은 이 책을 자기 피로 썼다고 말했다. 그의 장담처럼 〈반지의 제왕〉은 라디오 소설과 애니메이션으로 제작되었으나 흥행에 참패했다. 톨킨의 예언이 맞는 듯했다. 그는 확신을 가지고 영화 판권을 워너브라더스에 헐값에 팔았다. 〈반지의 제왕〉 영화 판권은 톨킨의 밀린 세금을 내는 데 그 역할을 다하고 수십년 동안 묵혀져 있었다. 그러다 밀레니엄을 맞이한 2001년 영화로 만들어졌고, 약 3조 원의 수입을 거두는 블록버스터가 되었다. 사랑이 불가능을 이겼다.

톨킨을 열렬히 사랑하는 팬을 톨키니스트라고 한다. 피터 잭슨도 그중 한 명이었다. 1961년에 뉴질랜드에서 태어난 피터는 이십대 중

반인 1987년 영화 〈고무인간의 최후〉으로 데뷔했다. 피터 잭슨은 영화를 배운 적도 현장에서 일한 적도 없었다. 그는 지역 신문사 직원으로 일하면서 주말에 친구들과 틈틈이 촬영했고, 자신이 배우로도 등장했다. 〈고무인간의 최후〉는 칸 영화제에 초청되었고, 피터는 기자에서 영화감독이 되었다. 그로부터 10년간 아류작들을 연출한 피터 잭슨은 삼십대 후반인 1999년에 〈반지의 제왕〉의 감독이 되었다.

삼류 영화나 만들던 피터 잭슨이 〈반지의 제왕〉의 연출을 맡는다는 기사가 나오자 우려하는 소리가 많았다. 대중은 스티븐 스필버그나 리들리 스콧 같은 저명한 감독이 연출을 맡을 것을 기대했다. 그런데 믿음과 희망보다 사랑이 위대하다는 신약성서의 말씀이 이뤄졌다. 뼛속까지 톨키니스트였던 피터 잭슨의 '톨킨 사랑'이 영화 〈반지의 제왕〉을 탄생시킨 것이다. 2001년부터 2003년까지 개봉한 〈반지의 제왕〉 전 3편은 아카데미에서 17개의 상을 받았다. 마지막 편인 〈왕의 귀환〉은 2003년 아카데미에서 11개의 상을 수상하며 〈벤허〉, 〈타이타닉〉과 최다 수상 타이를 기록했다. 당시 시상식에서 스티븐 스필버그는 아카데미 작품상으로 〈왕의 귀환〉을 발표하며 이렇게 말했다.

"오늘은 이 영화가 그냥 다 쓸어버리는군요."

사랑이 모든 것을 압도한다. 다 쓸어버린다. 피터 잭슨이 영화 〈반지의 제왕〉을 연출할 수 있었던 것은 그의 교육 배경, 지식, 경험이 아니었다. 바로 사랑이었다.

불굴의 사랑이 놀라운 결과를 만든 사례는 뉴질랜드뿐 아니라 일본에도 있다. 데즈카 오사무는 '만화의 신, 일본 만화의 아버지'라 불린다. 부잣집에서 자란 그에게는 당대 희귀한 물건이었던 수동식 영사기가 있었다. 어린 데즈카는 찰리 채플린 영화와 디즈니 장편 애니메이션을 보고 자랐다. 데즈카는 의대를 졸업하고 의사고시에 합격해서 정식으로 의사가 되었다. 진로에 관해 고민하던 그는 지도 교수의 조언에 따라 의학박사 학위를 받았다. 의사와 만화가를 겸업 하던 그는 의사를 포기하고 당시 천대받던 전업 만화가의 길을 간 다. 사랑으로 선택한 결정이었다. 만화를 향한 사랑이 명작 〈아톰〉 을 탄생시켰다.

사랑은 전염된다. 데즈카 오사무와 비슷한 이름의 데자키 오사무 는 데즈카의 만화를 좋아했고 고등학교 1학년 때부터 프로 만화가 로서 만화를 그렸다. 한때 꿈을 포기하고 공장에서 일을 하던 데자 키는 데즈카 오사무가 차린 애니메이션 회사 '무시 프로덕션'에 입 사한다. 데자키는 데즈카가 그린 만화 아톰의 애니메이션을 연출한 다. 그리고 명작 〈내일의 죠〉를 만든다.

〈내일의 죠〉를 보고 자극 받은 토미노 요시유키는 두 살 연하인 데자키 오사무의 제자로 들어간다. 그는 무시 프로덕션에서 나와 〈기동전사 건담〉을 제작한다. 〈아톰〉이 〈내일의 죠〉를 만들고, 〈내일 의 죠〉가 〈건담〉을 만들었다. 거장에게서 거장이 탄생했다. 그리고 거장의 시작은 만화와 애니메이션을 향한 사랑이었다.

나도 고등학교 시절, 데즈카 오자무가 쓴 책《어머니는 나에게 하고 싶은 일을 하라고 하셨다》를 읽고 영화감독이 되기로 결심했다. 영화를 사랑했기에 대학에서 영화를 공부한 뒤 거친 영화 현장에서 버틸 수 있었다. 그러나 9편의 장편 상업영화에 참여하면서 영화에 대한 사랑이 점차 줄어들게 되었다. 영화는 내게 일과 직업이 되었다. 엔딩 크레딧과 포털사이트 영화 정보에 스태프로 등장하는 내이름 석 자가 유일한 위로였다. 그마저도 의미없다고 생각했을 때 나는 영화를 버렸다.

사랑이며 꿈이었던 영화를 버리고 떠난 나는 직장인으로 살아갔다. 그리고 사랑하는 사람을 만났다. 우연의 일치였을까. 여자 이름은 이영화였다. 영화감독의 꿈을 포기한 나는 사랑하는 영화(사람 이름)와 함께 2010년 여름, 대만으로 떠났다. 가정용 캠코더 하나를 챙겨 갔다. 영화를 만들 생각으로 가져간 것이 아니다. 사랑하는 사람과 함께하는 시간을 기록하기 위해서였다. 그리고 그 캠코더로 사람들을 담았다.

내게 대만은 처음이었고, 까오슝이란 도시도 처음이었다. 처음 간 나라와 도시에서 처음 만난 세 사람들의 꿈을 기록했다. 한국에 돌아와서 그 꿈이 이뤄지길 기원하며 그들을 사랑하는 마음으로 〈대만의 세 영혼을 위한 기도〉라는 짧은 영화를 만들었다. 영화라기보다 대만에서 만난 친구들을 향한 작은 선물이었다. 선물을 주었더니, 선물을 받았다. 이 작품은 제7회 국제기독교영화제에서 상영되었다. 사랑이 내게 꿈을 찾아준 것이다.

2010년 10월, 나는 극장에서 관객과의 대화 시간을 통해 꿈을 선언했다.

"아시아 20개국에 관한 시리즈 다큐멘터리를 연출하고 싶습니다."

사실 기독교와 다큐멘터리는 내가 사랑하는 것이 아니었다. 오히려 혐오했다. 국제기독교영화제에 출품하기 불과 3년 전만 하더라도 나는 중동에서 선교활동을 하던 신도들에 대해 냉담한 악플을 달았었다. 대학에서 영화를 공부할 때도 다큐멘터리는 아웃사이더나 패배자의 장르라며 하찮게 여겼다. 혐오하던 장르와 종교를 사랑하게 된 것은 나를 향한 신의 놀라운 사랑을 경험했기 때문이다. 나의 기독교 다큐멘터리 연출은 사랑으로 시작되었다. 사랑은 모든 것을 가능하게 만든다.

2013년 7월, 나는 몽골 선교 다큐멘터리 〈집으로 가자〉를 연출했다. 나는 작품에서 이방인의 모습을 통해 우리 인생이 나그네 삶이라는 메시지와 영원함을 찾아가는 순례길을 담고자 했다. 본격적인 촬영을 앞두고 3개월 전부터 한국에서 공부하고 일하는 몽골인 공동체를 찾아갔다. 한국에 거주하는 몽골인들 앞에서 나를 소개할 때 카메라 없이 인사했다. 수개월 동안 대화하고 생활하면서 친숙해진 다음 비로소 카메라를 꺼내 이들의 삶을 담았다.

출연자와 연출자 사이의 담을 무너뜨리는 것은 사랑이다. 나의 아내는 작품을 제작하는 동안 남편과 아빠를 하늘나라로 떠나보낸 몽골인 여인과 아이를 집에 초대해서 삼계탕을 끓여주었다. 나는 대만 때와 마찬가지로 영화가 아닌 사랑에 집중했다. 그 사랑을 지키기 위해 애쓰다가 몽골 현지에서 혼자 장비를 지고 올랐던 돌산을 내려올 때 다리가 마비된 적도 있었다. 그렇게 사랑을 쏟은 끝에 몽골인과 몽골에 대한 사랑, 창조주의 사랑을 30분가량의 다큐멘터리로 만들었다. 이 작품은 2013년 CTS 기독교TV 선교다큐 페스티벌에서 1위인 최우수상을 받았다. 사랑해서 받은 상이다.

"The world is changed."

영화 〈반지의 제왕〉의 첫 번째 시리즈 〈반지원정대〉의 첫 대사다. 영화 대사처럼 세상이 바뀌었다. 그로부터 10년 후인 현재 컴퓨터그래픽, 가상현실, 증강현실 등의 기술 발달로 〈반지의 제왕〉보다 더욱 놀라운 콘텐츠들이 제작되고 있다. 〈반지의 제왕〉 자체도 진화를 기다리고 있다. 기업 아마존이 〈반지의 제왕〉 판권을 수천억의 거금을 들여 샀는데, 현재 드라마로 제작 중이다. 기존 영화보다 놀라운 오리지널 콘텐츠가 나올 것이다. 4차 산업혁명 시대를 지나면서 많은 것들이 혁신적으로 바뀌고 있다. 그러나 세상이 바뀌어도 결코 변하지 않는 것이 있다. 바로 사랑이다.

무언가를 사랑할 줄 아는 아이는 결코 꿈을 포기하지 않는다. 사랑은 불가능을 가능하게 한다. 우리 교육은 어떤가? 사랑은 빠진 채 점수와 등수만 남았다. 사랑과 열정은 점수와 등수를 뛰어넘는 열매를 맺는다. 기억하자. 세상을 바꾸는 위대한 힘은 사랑에서 나온 다는 사실을. 당신의 아이가 사랑하고 좋아하는 것이 무엇인지 알고 있는가? 모른다면 이제부터라도 물어보자. 그리고 사랑을 포기하지 않도록 격려하고 응원하자. 그것이 자녀의 인생을 바꿀 수 있다. 우리 자녀는 톨킨도, 피터 잭슨도, 데즈카 오사무도 될 수 있다.

모두를 지배하는
절대반지

대부분의 모험영화는 주인공이 보물을 찾아나서는 이야기로 전개된다. 〈인디애나 존스〉는 성궤를, 〈캐러비안의 해적〉은 해적선 블랙 펄을 찾아나선다. 보물을 찾아나서는 과정 가운데 주인공이 역경을 이겨내는 모습을 보고 관객은 위기와 승리를 박진감 있게 경험하며 전율한다. 두 영화는 모두 대박 났다.

반면 〈반지의 제왕〉은 보물을 찾아나서는 영화가 아니다. 보물을 부수고 버리기 위해 길을 떠나는 설정이 다른 모험영화와 가장 큰 차이점이다. 〈반지의 제왕〉은 영화 속 보물인 절대반지를 파괴하기 위해 떠나는 모험이다. 반지를 만든 악당 사우론이 잃어버린 반지를 되찾기 전에 절대반지를 파괴하러 반지 원정대는 모험을 떠난다. 반지를 파괴하는 방법은 운명의 산의 불꽃에 던지는 것이 유일하다. 절대반지가 파괴되면 사우론도 동시에 파멸한다. 반지의 힘이 사라지면 사우론의 힘이 없어지기 때문이다.

절대반지는 아무런 보석도 박혀 있지 않고 무늬도 새겨져 있지 않은, 단순한 금반지 모양이다. 단, 고온에 노출되면 사우론이 새겨놓은 무늬가 안팎에 나타난다. 암흑어로 쓰여 있는 글은 다음과 같다.

"모든 반지를 지배하고, 모든 반지를 발견하는 것은 절대반지,
모든 반지를 불러 모아 암흑에 가두는 것은 절대반지."

교육에 있어 절대반지는 무엇일까? 바로 성공이다. 성공해야 많은 돈과 강한 힘을 가질 수 있기에 모두가 그 반지를 자기 손에 끼우고 싶어 한다. 〈반지의 제왕〉에서 절대반지를 끼면 보이지 않는 세계를 볼 수 있는 힘을 가진다. 마찬가지로 대한민국은 '명문대 반지'를 끼면 입신양명과 출세 길이 열린다는 입시 마법에 홀려 있다.

대한민국 교육은 〈반지의 제왕〉이 아닌 〈입시의 제왕〉이다. 입시 어드벤처 시리즈는 취업과 결혼까지 이어지고 아이를 낳은 뒤에 후속편이 전개된다. 절대반지를 차지하려는 판타지가 이 땅에서 수십 년간 이어졌다. 절대반지의 원문은 'the One Ring' 즉, '하나의 반지'다. 성공이라는 단 하나의 반지를 차지하기 위해 교육은 아이들을 경쟁으로 내몬다. 대한민국을 지배하고 암흑에 가두는 입시반지는 교육에 있어서 절대반지이자 유일반지다.

성공 유일반지의 힘이 서점가에도 널리 퍼져 있다. 돈 잘 버는 방법, 명문대 가는 법, 성공에 관한 자기계발서는 언제나 베스트셀러다. 혹자는 지금이 단군 이래 돈 벌 수 있는 최대 기회라고 책을 썼

다. 경영서적은 지금이 승리할 때라고 성공을 부추긴다. 경제 절대 반지의 마력에 홀려 사람들은 저마다 성공한 사람들의 책을 산다. 습관을 바꾸고, 트렌드를 읽고, 비즈니스 모델을 만들면 절대반지의 주인공이 될 것 같은 환상에 빠진다.

우리는 성공반지를 손에 끼우고 실패한 인생을 산 사람들을 이미 많이 봤다. 재벌가 자녀들이 자살했고, 기득권 엘리트들이 구속되었다. 대한민국 대통령 반지를 낀 자들의 삶도 별반 다르지 않았다. 배드엔딩이었다. 한 명은 하야되었고, 한 명은 암살되었다. 4명이 구속되고 2명은 자녀가 구속되었다. 한 명은 스스로 목숨을 끊었다. 최근의 한 명은 헌정사상 최초로 탄핵되었다. 절대반지를 가진 자는 타락하고 멸망하게 된다는 영화 내용과 꼭 맞는다. 이 결과를 알면서도 5년마다 대통령 반지를 차지하기 위한 경쟁이 치열하다. 결코 포기해선 안 되는 사랑과 인격을 파괴하는 절대반지의 마력이 이토록 세다.

단군 이래 돈 벌 수 있는 최대 기회를 가장 사랑할 수 있는 기회로 삼자. 《킵고잉Keep Going》을 쓴 저자도 돈 벌고자 하는 계기를 가족 사랑에서 찾았다. 반지하 단칸방에서 시작해 역경을 이겨내며 돈 벌고자 했던 그의 목표도 결국은 가족 사랑이다. 가족과 사랑을 지키기 위해 돈을 벌어야 하지만 돈만 좇다 사랑을 놓치지는 말자. 킵러빙Keep Loving하자. 《해빙Having》과 《돈의 속성》만 외치지 말고 러빙Loving과 사랑의 속성도 외쳐보자. 돈에 머리가 돈 세상에서 사랑으로 정신 차리자.

나는 '모든 인생은 기적입니다'를 모토로 미라클스토리라는 사업체를 설립했다. 그간 다큐감독으로 유명인사들의 인터뷰를 다수 제작했는데, 평범한 사람들도 특별한 이야기가 있다는 확신이 있었다. 한 사람의 마지막이 영정사진으로만 기억되는 것이 안타까워 '영상자서전'을 아이템으로 사업을 시작했다. 가족 사랑과 감사를 고객에게 남겨주고 싶었다. 가족 사랑과 감사가 유산이 되는 가치를 세상에 알리고 싶었다.

몇 편의 영상자서전을 제작하면서 깨달은 것이 있다. '사랑한다'와 '고맙다'는 이 두 말을 담아내기가 참 어렵다는 점이다. 특히 많은 재산을 쌓았거나, 높은 지위에 오른 사람들에게서 듣기 어려운 단어가 '사랑'과 '감사'였다. 영상자서전의 하이라이트는 바로 이 내용인데 말이다. 출연자는 자신의 업적과 성공사례는 술술 풀어내지만 배우자와 자녀에게 사랑한다, 고맙다라는 고백은 잘 못했다. 나는 그 말을 담으려고 삼고초려한 적도 있다.

영상자서전 제작 중에 사랑한다는 말을 난생처음 해본다는 의뢰인, 난생처음 들어본다는 그 가족들의 모습을 보고 충격을 받은 적이 있다. 대형스크린에서 그 '역사적인 말'을 보고 들을 때 가족들의 눈에서 눈물이 흘렸다. 왜 이런 일이 생겼을까? 가족들은 각자 성공이란 절대반지를 찾아 헤매다 그만 사랑을 잊었던 것이다. 영상자서전을 본 그들은 진정한 절대반지는 사랑이란 것을 깨닫고 부둥켜안았다. 가족에게 사랑과 감사가 회복되는 순간을 목격하고 내 눈가도 촉촉해졌다.

번거로운 작업이지만 마진은 적은 이 사업 아이템을 4년 동안 포기하지 않고 끌어온 이유가 여기 있다. 당신은 가족에게 사랑한다고 말한 횟수가 얼마나 되는가? 하루에 몇 번이나 고맙다는 표현을 하고 있나? 많은 재산, 높은 지위가 사랑과 감사 표현을 보장하지 않는다. 적어도 내가 촬영한 출연자 중에서 사랑과 감사 표현을 많이 했던 사람들은 도리어 소박한 사람들이었다. 부족함이 있어야 감사도 있고, 함께 고생한 후에 싹튼 사랑이 오래 가는 법이다.

영어 속담 중 "Spare the rod and spoil the child"가 있다. "매를 아끼면 아이를 망친다"는 뜻이다. 결핍을 채워주려고 모든 것을 해주려는 부모들이 아이 인생을 망친다. 분별없이 돈과 힘을 주니 재벌가, 국회의원, 대통령 자녀들이 마약, 폭력, 횡령 등의 일탈행동으로 신문 사회면에 등장하는 것이다. 모든 것을 가지고 있지만 그것을 바르게 사용하지 못해 인생을 망친 재벌가의 자녀들을 보면 돈과 권력의 절대반지의 위험을 깨닫는다. 재벌도, 국회의원도, 대통령도 자식농사에 성공한 사례는 드물다. 반면 자식농사에 성공한다면 재벌과 대통령보다 성공한 삶이다.

때로는 부족함이 사랑과 감사의 재료가 된다. 나는 영상자서전만으로 사업을 꾸려갈 수 없어서 홍보영상, 행사영상도 제작했다. 감사하게도 2019년 겨울, 대기업 연말행사영상을 제작할 수 있는 기회가 왔다. 영상을 완료하고 세금계산서에 적힌 모 대기업 부회장의 이름을 봤다. 대기업 수주를 따낸 것이 뿌듯하기도 했지만, 그가 미처 느끼지 못하는 기쁨이 내게 있음이 감사했다.

그 대기업으로부터 잔금을 받은 그날은 눈이 펑펑 내렸다. 나는 아내를 위해 결혼 후 처음으로 값나가는 외투 한 벌을 사주려고 아울렛으로 향했다. 아내는 매장을 한참 돌아본 뒤, 그중에서도 저렴한 패딩 코트 하나를 골랐다. 따뜻한 새 외투를 입은 모습을 보고 나와 두 딸들은 행복한 미소를 머금었다. 세금계산서 발급자인 부회장은 결코 느끼지 못할 기쁨이었다. 일상의 행복은 성공을 압도한다.

성공이라는 절대반지를 깨뜨리면 유일반지인 사랑을 되찾을 수 있다. 진짜 사랑은 주는 사랑이 아니다. 버리는 사랑이다. 주는 사랑은 돈 있고 힘 있는 자라면 누구든지 할 수 있다. 그러나 버리는 사랑은 아무나 못한다. 가족과 자녀를 위해 청춘과 자존심을 버리며 살아온 부모는 위대한 사랑의 주인공이다.

나 역시 버리는 사랑을 깨닫고 기독교인이 되었다. 나를 위해 아들을 버린 하나님 사랑을 깨닫고 사랑받는 자로, 사랑하는 자로 살기로 결심했다. 크리스천은 사랑을 포기하지 않는 사람, 버리는 사랑을 하는 사람이다. 십자가에 자신을 내어준 예수를 따르는 자가 기독교인이다. 밤중 네온사인 십자가와 사람들의 목에 달린 십자가는 즐비한데, 정작 자신을 내어주는 십자가는 부족하다. 대한민국 기독교에 버리는 사랑이 절실한 요즘이다.

기억해,
산다는 건 좋은 거야

절대반지를 파괴하러 떠나는 반지 원정대 9명의 캐릭터 중 보로미르가 있다. 보로미르는 원정대 중 유일한 순수 인간이었다. 그는 다른 종족에 비해 능력이 부족한 인간이었기에 절대반지의 유혹에 깊이 흔들리기도 했다. 때론 흔들리고 때론 호쾌한 그의 인간적인 모습 때문에 소설과 영화에 등장한 분량보다 인기를 끌었다.

보로미르는 '위기에 처한 조국을 위해서'라는, 절대반지를 차지하려는 명분을 내세운다. 하지만 절대반지를 차지한 그는 개인적인 욕망에 집착하고 타락한다. 절대반지의 마력에 홀린 보로미르는 같은 편이자 주인공인 프로도를 공격한다. 팀킬이다.

절대반지에 사로잡힌 보로미르는 친구를 적으로 간주한다. 성적과 입시에 집착하여 부모와 자녀, 교사와 학생, 친구와 친구가 적이 된 대한민국 교육 현실과 흡사하다. 열심히 공부하는 것은 결코 나쁜 일이 아니다. 성공과 성취도 마찬가지다. 한 번뿐인 인생에 도전도

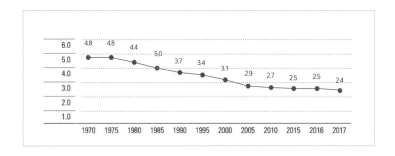

서울시의 가구당 평균 가구원 수 변화(단위:명)

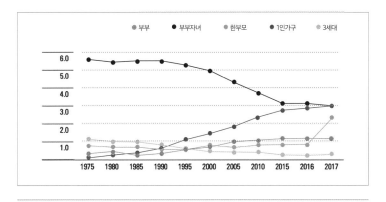

서울시의 가구 형태별 가구 수 변화(단위: 명)

필요하다. 그러나 성공을 위해 함께 가야 할 가족, 친구, 동료를 적으로 만드는 것은 문제다. 보로미르도 처음부터 프로도를 공격할 의향은 없었다. 그는 절대반지의 마력에 홀려 산봉우리에서 프로도를 공격했고, 그 사건으로 괴로워하다 오크 괴물들의 습격을 받는다.

절대반지를 구해 오라는 선왕의 명령을 따른 보로미르를 보면 부모로부터 입시 성공을 강요당하는 대한민국 학생들이 연상된다. 보로미르는 조국에서 만인의 사랑을 받는 지휘관이며, 믿음직한 아들이자 형이다. 우리 자녀들도 마찬가지다. 가정에서 아들과 딸, 오빠와 언니, 형과 동생이라는 본연의 포지션을 상실한 아이들은 학생과 수험생으로 살아간다. 그 결과 최고의 아군인 가족을 적으로 착각한다. 원인 제공자는 성공 절대반지를 강요하는 부모와 교사다.

2019년 서울가족보고서에 따르면 서울시 가구당 평균 가구원 수는 계속해서 줄고 있다. 2005년부터 3명 이하로 떨어졌다. 서울시 가구 중에는 부부와 미혼자녀로 구성된 가구가 31.1%, 1인 가구가 31.0%로 가장 많다. 부부가 어린아이를 키우는 가정, 혼자 사는 미혼남녀, 독거노인을 합하면 62%를 차지한다. 출산률이 줄어든 이유도 있겠지만 가족이 뿔뿔이 흩어져서 살기 때문이기도 하다.

자녀는 학교와 학원에서 밤늦도록 공부하고, 부모는 학원비를 내기 위해 야근과 격무에 지친다. 집은 대학 가기 위해 잠시 머무는 기숙사가 되었고, 재수를 하면 아예 기숙학원이 집이 된다. 아이가 대학과 직장에 가면 가장 소중한 '내 편'인 가족과의 거리는 더 멀어진다. 과제와 아르바이트, 야근과 출장으로 함께 있지 못하는 이유와 핑계가 더 늘어난다.

한때 같은 편이었다는 생각도 희미해져 가족은 어색한 사람들이되었다. 가정을 이루려는 희망도 희미해져 혼인율과 출산률은 계속줄어든다. 늘어나는 것은 혼자 밥 먹고, 혼자 술 먹는 혼밥족, 혼술

족뿐이다. 엄연히 내 편이 있는데도 혼자 사는 것이 당연하게 되었다. TV프로그램 〈나 혼자 산다〉가 인기를 끄는 시대다. 이제 같이 좀 살자.

우리 가족은 홈스쿨링을 시작한 지 얼마 되지 않았다. 햇수로 2년 차, 만으로 1년 차다. 짧은 시간 동안 홈스쿨링을 하며 가장 소중히 여기게 된 것은 바로 가족이 함께 지내는 시간이다. 홈스쿨링을 하기 전에 우리 부부는 두 딸을 유치원에 보내고, 사무실과 사업 현장에서 아침부터 저녁까지 보냈다. 때로 야근을 할 때면 이웃에 자녀들을 돌봐달라고 부탁했다. 저녁이나 밤늦게 아이들과 재회하고 함께할 수 있는 일은 거의 없었다. 씻기고, 씻고, 재우고, 자는 것뿐이다. 다음 날 아침 일어나면 똑같은 하루가 반복되었다. 딸들이 어떻게 지내는지, 요즘 뭐가 힘든지 물어볼 겨를조차 없었다.

홈스쿨링을 시작하면서 뒤집어졌다. 가족이 함께 있다면 뭘 해도 좋았고, 하지 않아도 좋았다. 시간은 오롯이 엄마와 아이 것이 되었다. 교육부의 학습일수에 시간을 빼앗기지 않자 쫓기지 않는 삶이 되었다. TV와 스마트폰이 없는 두 딸들은 스스로 놀이를 만들거나 책을 읽었다.

큰딸은 홈스쿨링을 시작한 첫 해에 100권 넘는 책을 읽었다. 그 중 일부는 3~4번 반복해서 읽었다. 집에 있는 책이 모자라 동네 서점 어린이 코너의 책을 대부분 읽었다. 학교에 다녔다면 불가능한 일이다. 책 읽을 시간이 없다는 것을 학교에 이미 다녀본 아빠인 내가 잘 알고 있다. 나의 학창시절, 독서는 수업시간에 농땡이 치거나 숙제를 하지 않았을 때 할 수 있는 취미생활에 불과했다. 공부해야 해서 책 읽을 시간이 없었다.

우리가 홈스쿨링을 시작하자 아내의 지인이 의아해하며 물었다.

"어떻게 아이들과 하루 종일 붙어 있어? 괴롭지 않아?"

괴롭지 않다. 도리어 내 편인 아이와 함께 보내는 시간이 괴롭다면 의아하게 여겨야 한다. 위의 질문을 바꾸어 묻겠다. 부모인 당신은 어떤 대답을 할 것인가?

"어떻게 아이들과 하루 종일 떨어져 있어? 괴롭지 않아?"

괴롭지 않다고 대답한다면 사랑에 관해 진지하게 생각해보자. 삶에서 가장 사랑하는 것이 가족이 아닌 일과 돈, 개인 시간이 되었기 때문에 괴롭지 않은 것이다. 가족과 떨어지는 것이 괴롭지 않기에 주말부부와 기러기 아빠가 자연스레 문화와 흐름이 되었다.

가족과 떨어지는 시간이 많다면 괴롭게 여겨야 한다. 살다 보면 야근도 하고 출장도 가야 한다. 엄마도 당연히 자유시간이 필요하다. 그러나 주종이 바뀌어서는 안 된다. 우리는 가족과 살기 위해 돈 벌고 일하는 것이지, 일하고 돈 벌기 위해 가족이 필요한 것은 아니다. 한센병은 살점이 떨어져 나가도 고통을 느끼지 못해서 위험한 질병이다. 가족과 떨어져 있는 데 무감각한 것은 심리적인 한센병이다. 무심한 마음들이 쌓여 대한민국 가족들이 뿔뿔이 흩어지고 있다. 가슴 아픈 일이다.

아이가 초등학교에 입학하면 엄마에게 신세계가 열린다. 아이가 없는 동안 분위기 좋은 카페도 가고, 쇼핑도 할 수 있다. 이후 아이는 엄마를 속박하는 존재로 여겨진다. 엄마에게 방학은 지옥, 개학은 천국이란 묘사가 맘카페와 커뮤니티 사이트에서 하소연 담긴 유머로 표현된다. 아이가 학교와 학원에 가 있는 동안 엄마는 진정한 해방을 누린다고 착각한다. 자신의 배 안에서 아이가 자라고 있을 때는 그렇지 않았다. 10개월가량 엄마는 배 속 태아를 소중히 여기고 만날 날을 간절히 기다리지 않았는가? 그러나 아이가 배 밖으로 나온 후부터는 떨어지길 갈망한다. 무엇이 잘못된 것일까?

한 배를 타야 할 가족이 각기 다른 배를 탔기 때문이다. 아이는 학교와 학원 배로, 부모는 직장 배를 탄다. 집은 저녁에 각자 딴 배를 탄 선원들이 잠시 쉬어가는 항구일 뿐이다. 나는 이런 현실이 슬프다. 홈스쿨링을 통해 가족과 한 배를 타며 인생을 항해할 수 있는 지금이 행복하다.

언젠가 홈스쿨링 기관에서 주관한 아빠와 함께하는 캠프에 간 적이 있다. 오롯이 아빠와 아이들만 캠핑장에서 요리를 해서 음식을 먹고 텐트에서 하룻밤을 보내는 캠프였다. 가장 기억에 남는 일은 두 딸들과 산 위에 올라 돗자리를 깔고 누워 캄캄한 밤하늘의 별을 올려다보는 시간이었다. 이곳저곳에서 아이들의 재잘거리는 소리가 들리고 아빠들의 행복하고 여유로운 침묵이 전해졌다. 옆에 누운 둘째 딸은 친구와 소리 내어 별을 셌다. 이러다 날 새는 것 아닌가 슬며시 걱정이 되었다.

큰딸 예은이는 철학적인 질문을 던졌다.

"아빠, 성경 속에 아브라함 할아버지가 봤던 별들도 저 별들이었 겠죠?"

성서 속에 등장하는 아브라함은 갈대아 우르라는, 현재 이라크 근방 도시에 살았다. 신은 그에게 자손이 밤하늘의 별처럼, 해변가 의 모래알처럼 번성할 것임을 약속했다. 그 내용을 기억한 딸이 내 게 물은 것이다. 밤하늘의 별을 보며 성서 속 인물을 연상할 수 있는 능력은 자연과 여유로운 시간 속에서 생겨난다. 책을 아무리 여러 번 읽어도 재료가 되는 자연을 경험하지 못한다면 아이의 상상력은 자랄 수 없다.

기억하자, 산다는 것은 좋은 것이다. 보로미스도 동생에게 그렇 게 외쳤다. 인간은 쌓여진 행복으로 인생의 고통을 이겨낼 수 있다. 가족과 함께 보내는 행복을 포기하지 않으면 가족은 온전히 '내 편' 이 된다. 카톡과 페북 친구 만 명보다 곁의 가족이 훨씬 소중하다. 함석헌 선생은 〈그대는 그 사람을 가졌는가〉를 통해 '나'를 위해 목 숨 내놓을 친구를 표현했다. 인생의 가장 친밀한 친구는 가족이다.

나는 가족과 여행하는 시간이 참 좋다. 그 시간을 기록해 아이들 에게 선물로 남겨주고 싶어 유튜브 계정을 하나 만들었다. 채널명은 〈노코투어NoCoTour〉다. 노 코멘트 투어, 말이 필요 없는 여행이란 뜻 이다. 영상 대부분을 4배속 슬로우모션으로 촬영했고, 목소리는 거 의 없다. 행복한 시간에 많은 말은 필요 없다. 영상에 나오는 우리 가족의 표정과 발걸음에서 충분히 행복감을 느낄 수 있다.

그런데 아이들은 영상을 보고 불만이 많다.

"아빠, 화면이 너무 느려서 지루해요."

나는 아이들을 다정하게 달래준다.

"아빠는 너희를 천천히 보고 싶어서 이렇게 찍은 거야."

홈스쿨링을 하면서 아이들과 지내는 시간이 많은데도 여전히 천천히 보고 싶은 게 아빠인 내 마음이다. 딸들과 해변을 걷고, 안개 쌓인 언덕을 오르고, 처음 낚시해서 물고기를 낚는 모습을 찬찬히 보고 싶다. 당신도 그랬으면 좋겠다. 느림 속에 진짜 행복과 사랑이 있다는 것을 기억하자.

가족은 언제나 '내 편'이 되는 사람들이다. 같은 편에게 시간과 돈을 쏟으면 연합이 단단해진다. 홈스쿨링을 하면서 이전보다 살림살이는 더 빠듯해졌지만 심리적으로는 훨씬 여유롭게 살고 있다. 가족이 '내 편'임을 깊이 경험한 아이들은 자신의 자녀도 '내 편'으로 만들 것이다. 두 딸들에게서 그런 희망이 보이는 말을 들었다.

"아빠, 우리도 커서 홈스쿨링으로 아이 키울래요."

손주들과 함께 삼대 〈노코투어〉를 떠날 상상에 가슴이 벅차다. 때로는 두려웠으나 최후에는 용감했던 보로미스, 당신 말이 맞다. 산다는 건 참 좋은 것이다.

세상에는
아직 선이 남아 있다

〈반지의 제왕〉 주인공은 호빗족인 프로도다. 그는 절대반지를 파괴하러 모험을 떠난다. 간달프에게 프로도는 말한다.

"제가 갈게요! 제가 가겠어요! 제가 모르도르로 반지를 가지고 가겠습니다. 비록 가는 길은 잘 모르지만요."

인생을 예상하고 태어나는 사람은 아무도 없다. 탄생은 위대한 모험이다. 어느 누구도 태어나기 전에 국적, 인종, 부모를 선택할 수 없다. 세상에 나와 보니 다 결정된 조건들이다. 그러나 출생 이후부터는 모든 것을 다 선택해야 한다. 비록 가는 길을 모르지만 떠나야 하는 프로도처럼 우리는 모험으로 인생을 산다. 그 모험은 아기 때부터 시작된다. 아기는 엄마 젖을 빨기를 선택해야 살고, 걷기를 결단해야 앞으로 갈 수 있다.

안타깝게도 세상에는 먹기를 선택하고 싶어도 조건이 되지 않아 먹지 못하는 인생이 있다. 걷고 싶어도 장애를 가지고 태어나 걷지 못하는 인생도 있다. 어릴 때 부모가 세상을 떠나거나, 버림받은 고아도 있다. 나는 본인이 원하지 않았는데 어려운 조건에 놓여 선택할 수 없는 사람들을 인터뷰 촬영을 통해 많이 만났다. 특히, 장애를 지닌 아이의 부모를 대할 때면 이들의 헌신과 사랑에 고개가 절로 숙여졌다.

칠순을 훌쩍 넘긴 남자 노인도 기억이 난다. 그분은 중년 남성과 나란히 땀을 뻘뻘 흘리며 필라테스를 하고 있었다. 두 남자가 몸을 일자로 편 채 발을 공중에 띄울 때 선생님은 숫자를 셌다. 그 노인은 은퇴한 교장선생님이었고, 중년 남성은 그분의 아들이었다. 노인의 아들은 발달장애를 앓고 있었는데, 노인은 아들을 위해 함께 필라테스를 하며 땀 흘렸던 것이다. 해맑게 웃는 발달장애 아들 옆에 꼭 붙어 운동하던 노인은 사랑할 줄 아는 사람이었다. 사랑은 옆에서 함께 땀 흘릴 줄 안다. 그것도 평생토록.

경기도 성남과 용인에 자리한 카페 뜨랑슈아에서 만난 지체장애인들도 잊을 수 없다. 그들은 비장애인들과 함께 카페에 공급하는 빵과 과자를 만든다. 유통에도 참여한다. 개인별 장애를 고려해 계량, 반죽, 포장, 배송 등으로 역할이 나뉜다. 나는 분주한 하루를 보낸 장애인들이 퇴근 후 문화교실에서 흥겹고 행복하게 노래 부르는 모습을 카메라로 담았다.

"얼굴 찌푸리지 말아요. 모두가 힘들잖아요."

이 노랫소리가 지금도 귀에 생생하다. 그들은 삶을 사랑하고 서로를 사랑하고 있었다. 그 사랑이 노래에 담겨 있었다.

남 부럽지 않은 재력으로 소위 재벌들이 모여 사는 서울의 부촌에 살던 가족이 있었다. 그런데 어느 날 가족은 경기도 외곽지역으로 이사했다. 놀이터에서 이웃이 자녀의 발달장애를 놀리고 비방했기 때문이었다. 이들 부부는 어려움 속에서도 사랑을 포기하지 않았다. 어머니는 발달장애 아들이 그린 그림을 소재로 티셔츠를 제작해 쇼핑몰에서 판매했다. 아버지는 아들과 함께 오토바이를 타고 버킷리스트인 전국투어를 다녔다. 사랑은 위대한 모험이다.

홈스쿨링도 일종의 모험이다. 내 주변의 홈스쿨링 가족을 보면 홈스쿨링 자체도 모험인데 사랑의 모험을 용기 있게 떠나는 사람들이 있다. 홈스쿨링으로 만나서 가난한 나라에 학교 짓기 운동을 시작한 두 아버지가 그 주인공이다. 그들은 학교가 없는 개발도상국의 현지인 또는 교민에게 후원금을 전달하고 후원자를 연결해서 학교를 짓는다.

홈스쿨링은 학교가 존재하지만 가지 않는 것을 선택한 결과다. 그러나 어떤 나라에는 학교가 없어서 취학을 선택할 수 없다. 가지 않는 것과 갈 수 없는 것은 확연히 다르다. 두 아버지의 선행을 통해 학교가 지어져서 가난한 아이들이 배울 수 있는 선택을 할 수 있게 되었다. 홈스쿨링 선배 아빠들의 사랑의 모험을 응원한다.

우리 가족도 사랑의 모험을 떠나고 싶었다. 기왕이면 여행을 통해 진짜 모험을 가길 원했다. 그래서 라오스로 떠났다. 두 딸들의 첫 해외여행지를 라오스로 고른 데는 이유가 있다. 세상에 아직 선이 남아 있다는 것을 실제로 보여주고 싶었기 때문이다. 5년 전, 조찬 모임을 통해 라오스에서 봉사하는 노부부를 알게 되었다. 나는 이들을 찾아가 촬영하길 원했다. 아이들은 험지에 가는 줄도 모르고 처음 온 인천공항에서 마냥 즐거워했다. 공항 면세점에서 모자도 하나씩 사주었으니 기분 최고였을 것이다.

밤늦게 도착한 비엔티안 공항, 짐을 찾고 숙소로 가는 차 안에서 큰 딸이 코를 막았다.

"아빠, 숨도 쉬기 싫어요. 왜 우릴 여기에 데려왔어요?"

아내도, 나도, 딸들도 라오스는 처음이었다. 다만 여러 나라를 경험한 나는 마음의 준비가 되었는데, 아이들은 힘들었나 보다. 라오스 땅을 밟자마자 이륙할 때의 설렘을 잊은 아이들은 불편함과 괴로움을 호소했다. 아이가 맡았던 것은 가난의 냄새였을지도 모른다. 라오스는 전 세계에서 가장 가난한 나라 중 하나다.

100여 년 전, 대한민국은 지금의 라오스보다 훨씬 가난한 나라였다. 서양 선교사들은 우리나라에 와서 학교와 병원을 세우는 일부터 시작했다. 이역만리 조선 땅에 청춘과 자녀마저 버리고 헌신한 사람들의 사랑 덕분에 지금의 대한민국이 있는 것이다. 원조받던 가난한 나라가 다른 나라를 돕는 사례는 우리나라가 유일하다.

라오스에서 사랑으로 봉사하는 노부부도 도움을 실천하는 사람들 중 하나였다. 한국전쟁 때 태어난 남편은 두 살에 고아가 되어 선명회(현 월드비전)의 도움을 받고 대학까지 공부할 수 있었다. 공기업을 정년퇴임한 그는 라오스에서 부모를 잃거나 부모에게 버림받은 미취학 아동부터 대학생들을 돌보고 있었다. 받은 사랑을 전하는 그의 모습이 내게 큰 감동을 주었다.

라오스에서 맞이하는 2020년 설날, 떡국 끓이는 냄새, 김치 써는 소리, 삼겹살 굽는 연기로 맛있는 사랑이 노부부의 부엌에 가득 피어올랐다. 언제라도 배고프면 현지인 아이들이 와서 밥을 먹을 수 있는 넓은 식당 안에서 설날 잔치가 열렸다. 많은 사람이 모인 설날, 정말 오랜만이었다.

같은 시각, 한국의 설날은 어땠을까? 한국은 라오스보다 1인당 국민소득이 4배나 높다. 열흘간 라오스에 머물면서 소득과 행복이 꼭 비례하지 않는다는 것을 깨달았다. 대한민국의 기프티콘으로 주고받는 사랑, 이모티콘으로 표현되는 감정은 건조하고 초라할 뿐이다.

사람들이 함께 둘러앉아 음식을 먹는 자체만으로 커다란 행복이 피어난다. 판타지 소설 《반지의 제왕》, 《나니아 연대기》에서는 등장인물들이 먹는 음식들이 자세히 묘사된다. 사람들은 음식 자체에서 힘을 얻기도 하지만 식탁공동체가 주는 연대감으로 똘똘 뭉친다. 사랑은 밥상공동체에서 커진다는 것을 위대한 두 작가, 톨킨과 루이스도 알았던 것이다.

설날 식사가 끝나고 식탁이 치워지자 무대가 만들어졌다. 어린아이부터 칠순을 맞은 노인까지 한데 어우러져 춤판이 벌어졌다. 나는 식탁 의자에 올라가서 카메라로 춤추는 이들의 모습을 담았다. 나이도, 국적도, 배경도 다른 사람들이 웃으며 춤추는 모습을 화면에 가득 담으며 이 땅에 천국이 있다면 노부부가 머무는 라오스 집이라고 생각했다.

나는 노부부가 양육하는 고등학생과 대학생들을 인터뷰했다. 아버지가 마약에 중독되었거나 부모로부터 버림받은 아이들도 있었다. 이들의 어두웠던 과거에 노부부의 사랑이 빛을 비춰주었다.

노부부의 사랑을 받아 인생이 바뀐 아이들에게 꿈을 물었다. 그러자 이런 대답이 돌아왔다.

"저도 교육받지 못하는 아이들을 돕고 싶어요. 제가 사랑받았기 때문이죠."

사랑은 아름답게 전염된다. 사랑에는 강력한 힘이 있다. 우리 가족이 라오스에 다녀온 직후, 코로나바이러스가 급속도로 퍼졌다. 대한민국이 강력하게 퍼지는 코로나에 잘 대응한 것은 의료진들의 환자 사랑 덕분이다.

코로나19로 이제는 쉽게 갈 수 없는 라오스에서 우리 가족이 담은 영상 하나가 유튜브 채널 〈미라클스토리〉 대문에 걸려 있다. 2009년 뉴욕타임즈 세계 9대 관광지로 소개된 루앙프라방의 명소, 꽝시 폭포 앞에서 우리 가족이 함께 뽀뽀를 하고 끌어안는 장면이다. 2분가량의 이 장면을 담으려고 나는 10킬로그램이 넘는 장비를 지고 산길을 올랐다. 행여 미끄러질까 딸들의 손을 잡고 힘겹게 도착한 곳에 우거진 숲과 에메랄드빛 물가가 우릴 맞았다. 그 에덴동

산을 배경으로 우리 가족의 모습을 광고촬영용 장비로 찍었다. 영상
에 꽝시 폭포수 소리를 넣었지만, 배경음악을 담는다면 해바라기의
〈그대 내게 행복을 주는 사람〉을 넣고 싶다. 노래가사가 우리 가족
여행의 행복과 사랑을 표현하고 있기 때문이다.

> 내가 가는 길이 험하고 멀지라도
> 그대 함께 간다면 좋겠네
> 우리 가는 길에 아침 햇살 비치면
> 행복하다고 말해주겠네
>
> 이리저리 둘러봐도 제일 좋은 건
> 그대와 함께 있는 것
> 그대 내게 행복을 주는 사람
> 내가 가는 길이 험하고 멀지라도
> 그대 내게 행복을 주는 사람

　〈반지의 제왕〉 프로도는 친구들과 험한 모험을 떠났다. 가는 길
도 모르고, 때로 목숨이 위협받는 위기도 맞았지만 동료들이 있었기
에 여정을 마칠 수 있었다. 우리 가족이 함께 떠난 라오스도 마찬가
지다. 함께였기에 가능했다. 열흘간의 여행은 우리 인생의 예고편과
같았다. 아프고 지쳐도 함께한다면 이겨낼 수 있다는 믿음을 심어준
여행이었다. 사랑이 가장 소중하다는 것을 가르쳐준 시간이었다.

한국에 돌아와서 노부부와 라오스 현지인들의 이야기를 담은 영상을 편집했다. 처음에는 영화로 제작해서 출품하려고 했지만 더 많은 사람들이 이들의 이야기를 볼 수 있도록 유튜브 채널을 만들었다. 채널명은 〈뷰티풀 선셋〉이다. 노부부의 마지막 장면을 루앙프라방 일몰을 배경으로 촬영했다. 유유히 흐르는 강을 뒤로한 채 부부는 행복의 눈물을 흘렸다. 그리고 끌어안았다. 은은하게 퍼지는 노을이 노부부의 아름다운 주름을 비추는 조명 역할을 했다. 뷰티풀 선셋. 마지막 장면을 촬영하고 편집하면서 나와 아내의 노년도 이처럼 아름다운 노을처럼 되기를 소망했다.

〈반지의 제왕〉 주인공인 프로도는 동료 샘에게 묻는다.

"우리는 무엇을 붙들고 여행을 떠나야 하지?"

프로도의 충성된 친구 샘이 대답한다.

"이 세상엔 아직 선이 있다는 믿음이죠. 그건 싸워서 지킬 만큼 귀하답니다."

세상에 아직 선이 남아 있다는 믿음. 그 믿음으로 세상과 사람을 사랑하는 능력이 부모와 자녀에게 있길 빈다. 인생이란 여행을 프로도처럼 포기하고 싶을 때, 부모는 자녀에게 그 진실을 말해줄 수 있어야 한다. 세상 어딘가에 선함이 존재한다고. 그러므로 사랑으로 살아가자고.

때로는 싸워서 지켜야 할 귀한 것, 그것은 바로 사랑이다.

집으로 돌아온
가족을 사랑하라

〈반지의 제왕〉 주인공인 프로도와 생사고락을 함께한 친구가 있다. 그는 '용감한 샘와이즈'라고 불리는 정원사 샘이다. 샘은 혼자 떠나겠다는 프로도에게 세상 끝까지 함께 가겠다고 대답하고 그 약속을 지킨다. 프로도가 떠나는 멀고 험한 여정을 옆에서 꿋꿋이 함께한 샘을 보면 아이 곁을 지키는 부모의 모습과 닮았다.

자녀들을 왕자님, 공주님이라 부르며 귀하게 돌보는 부모와 샘은 서로 닮은꼴이다. 샘은 프로도를 나리라고 부른다. 그러나 샘은 프로도에게 변함없는 친구이자 보호자였다. 프로도가 때로 절대반지의 유혹에 빠져 위기에 처할 때 샘은 헌신적으로 그를 보호한다. 샘의 결정적인 헌신으로 프로도는 절대반지를 파괴하는 데 성공한다. 나도 용감한 샘처럼 절대반지의 마력 넘치는 세상에서 자녀들을 지킬 수 있을까? 아이들에게 변함없는 친구처럼, 믿음직한 보호자로 살고 싶은 바람이다.

대한민국 많은 부모들이 샘과는 다른 모습을 보인다. 성공이라는 절대반지의 유혹에 자녀들이 빠질 때, 부모는 그들을 건져내기는커녕 도리어 불 속에 빠뜨린다. 입시지옥의 불길을 피해 아이들은 때로 집을 나간다. 그룹 서태지와 아이들의 〈컴백홈〉은 1990년대 이러한 청소년들의 마음을 공감하고 가사로 표현해서 큰 인기를 끌었다.

난 지금 무엇을 찾으려고 애를 쓰는 걸까
난 지금 어디로 쉬지 않고 흘러가는가

당시 〈컴백홈〉을 들으며 차가운 눈물을 닦았던 내 또래 청소년들이 이제 부모 세대가 되었다. 부모가 된 우리 세대는 입장이 바뀌어 자녀에게 대학이라는 절대반지를 찾아나서라고 재촉하고 있다. 입시지옥을 대물림했다. 사랑은 전혀 없고 아이들의 힘겨운 눈물이 마르고 있는 〈컴백홈〉 시대는 아직 끝나지 않았다. 부모도, 아이도 집으로 돌아와야 한다. 무엇보다 우리 가정에 사랑이 돌아와야 한다. 사랑, 유 머스트 컴백홈. 떠나간 마음보다 따뜻한.

'집'이란 한 음절에 아련함과 따뜻함이 있다. 그러나 어느새 대한민국의 집은 숫자로 둔갑되고 부동산 자산이 되었다. 사람들이 집을 바라보는 시선이 달라지니 실제 집도 삭막해졌다. 빚을 내어 집을 사지만 빛이 내리쬐는 시간에 집 안에 있는 시간은 과연 얼마나 될까? 가족들이 일터와 학교에서 하루를 보내다 해가 질 무렵에야 집으로 모이는데, 여전히 채광 좋은 집을 웃돈 얹어주고 사는 사람들의 심리는 무엇일까?

우리는 집에 머물고 싶어서 대가를 지불하지만 집의 참맛을 경험하지 못한다. 집 때문에 기쁘고 슬픈 것은 부동산 가격 변동에만 있다. 집의 참맛을 모른 채 세상을 떠난 사람은 160년 전 미국에도 있었다.

1852년 사망한 미국 작사가 하워드 페인은 죽기 1년 전인 1851년 3월 3일 친구에게 비통한 편지를 보냈다.

전 세계 모든 이들에게 가정의 기쁨을 자랑스럽게 노래한 나
자신은 아직껏 내 집이라는 맛을 모르고 지내고 지냈으며 앞
으로도 맛보지 못하겠지…….

하워드 페인은 전 세계 집집마다 울려퍼졌던 〈즐거운 나의 집 Home, Sweet Home〉을 작사했다.

즐거운 곳에서는 날 오라 하여도
내 쉴 곳은 작은 집 내 집뿐이리
내 나라 내 기쁨 길이 쉴 곳도
꽃 피고 새 우는 집 내 집뿐이리
오 사랑, 나의 집
즐거운 나의 벗, 집, 내 집뿐이리

〈즐거운 나의 집〉은 미국 남북전쟁 당시 북군, 남군을 가리지 않고 병사들이 불렀던 노래다. 링컨 대통령도 이 노래를 즐겨 불렀고, 백악관에는 한동안 〈Home Sweet Home〉을 자수로 장식할 정도였다. 전쟁을 끝내고 집으로 돌아가고 싶은 마음은 시대를 뛰어넘는다.

인류는 두 번의 세계대전을 거치면서 빛바랜 편지와 부서지고 무너진 벽에 새겨진 병사들의 절규를 보았다. 병사들의 편지에는 여러 내용이 있지만 집에 가고 싶고 가족이 보고 싶다는 하나의 메시지로 집약된다. 집 떠나면 고생이라 느끼고 귀향을 갈망하는 것은 사람이라면 누구에게나 자연스러운 반응이다. 귀가한 당신 집에는 기쁨이 있는가? 〈즐거운 나의 집〉을 작사한 하워드 페인처럼 집의 참맛을 놓치고 살고 있지 않은가? 그렇다면 폐인 같은 삶이다.

대한민국의 하루는 짧은 전쟁이다. 학교와 학원, 일터에서 전쟁을 치른 가족들은 해가 져서 집으로 돌아온다. 전쟁에서 살아 돌아온 동료들은 서로 끌어안고 기뻐하는 것이 당연하다. 그러나 일과 후의 생환에 기쁨과 감동은 없다. 아군이어야 할 가족은 적이 되어 집안일, TV채널로 다툰다. 자녀들은 부모를 피해 자기 방으로 들어가 문을 닫는다. 가까스로 전쟁을 마치고 돌아왔는데, 크고 작은 전쟁이 집에서 다시 시작된다.

남북으로 갈라진 한반도에 사는 우리는 이산가족 상봉을 TV와 신문으로 여러 번 볼 수 있었다. 이산가족 만남에는 눈물과 회한이 가득하다. 헤어진 가족들이 다시 만나서 우는 데는 이유가 있다. 다시 만날 날을 기약할 수 없기 때문이다. 나름 우리도 한나절 이산가족이다. 출장이나 야근이 계속되면 수일간 이산가족이다. 단기 이산가족 재회에는 반가움도, 눈물도 없다. 가족끼리 서로 떨어진 시간을 축적하면 장기 이산가족 못지않을 텐데, 헤어지는 아픔도, 만남의 기대도 없다.

어떤 목회자는 집을 나설 때 연로한 어머니에게 "다녀오겠습니다"라는 인사를 하지 않는다고 한다. 대신 "어머니, 저 갈게요"라고 인사한다. 돌아올 것을 사람이 기약할 수 없기 때문이란다. 인생은 크든, 작든 위험요소를 가지고 있다. 교통사고, 암, 스트레스 등 건강과 생명을 위협하는 요소가 곳곳에 널려 있다. 가족이 집으로 돌아오면 따듯하게 맞아주고 위로해야 하는 이유다. 가정 안에 사랑이 돌아오면 가능하다.

나는 홈스쿨링을 시작하며 아버지 프로그램인 파더후드Father's hood에 참여했다. 4주차 프로그램 중에 자녀들에게 편지를 쓰는 과제가 있었는데, 나도 딸들에게 편지를 썼다. 학창시절 숙제로 대충 했던 것과 다르게 진지한 마음으로 임했다. 교사에게 평가받는 숙제는 아니지만 딸들에게 사랑을 전할 수 있는 몇 안 되는 기회였기 때문에 최선을 다해 분홍색 편지지에 아끼는 펜으로 꾹꾹 눌러썼다.

아빠 프로그램을 마친 뒤 수개월이 지났을 무렵 그 편지들이 집으로 날아왔다. 분홍색 편지 봉투를 딸들이 펼쳐 들었다. 이제 겨우 한글을 깨친 아이들이 띄엄띄엄 읽다가 지쳐 아빠인 내가 직접 읽어

주었다.

두 딸들이 엄마 배 속에서 지낼 때 만날 날을 무척 기대했고, 엄마, 아빠에게 참 소중하고 사랑스러운 딸이라는 내용이었다. 딸들의 이름을 지은 배경 설명과 이름처럼 살라는 당부도 있었다.

아빠인 내가 직접 쓴 편지가 우리 집으로 돌아왔을 때, 사랑도 돌아온 것을 느꼈다. 부모인 우리는 자녀가 배 속에 태아로 있을 때 만날 날을 기다렸던 시간을 때때로 잊고 산다. 설레고 고민하는 마음으로 아이 이름 지을 때의 기억은 잊은 채, 짜증 섞인 목소리로 아이를 부르곤 한다.

사랑이 흐려졌기 때문이다. 사랑은 연필로 써서는 안 된다. 잉크로 찍어 지워지지 않게 써야 한다. 잊으면 안 되는 것이 사랑이기 때문이다.

세월이 흘러 보호자였던 부모와 자녀는 입장이 바뀐다. 노년이 된 부모를 자녀가 보호해야 할 때가 온다. 아버지의 방광수술을 앞두고 나도 아버지의 보호자가 되었다. 수술동의서에 보호자로서 서명을 하고, 알몸이 된 채 수술복으로 갈아입은 아버지 대신 문진표를 묻고 작성했다. 이제 수술대로 들어가는 아버지의 뒷모습을 바라보며 보호자의 마음을 알게 되었다. 부디 무사히 돌아오기를 바라는 마음.

수술을 마친 아버지 곁에서 피 섞인 오줌을 하루에도 수십 차례 비워가며 며칠을 함께 보냈다. 아기였던 나를 뒷바라지했던 부모 마음이 헤아려졌다. 소변줄을 찬 채 퇴원하며 지방으로 내려가는 아버지를 비행기 1등석에 모셨다. 조리원에서 나와 아기와 처음 집에 가는 아빠 마음도 이러하리라. 어느새 자녀는 부모의 보호자가 된다. 보호자의 마음은 단 하나다. 가족이 무사히 집으로 돌아오길 바라는 마음이다.

〈반지의 제왕〉에서 프로도와 함께 절대반지 파괴 임무를 마친 샘은 마침내 고향집으로 돌아온다.

"그래, 나 돌아왔어."

샘의 짧은 대사 안에 우리가 집에서 느낄 수 있는 감동이 살아 있다. 목숨을 건 여행이 아니더라도 하루라는 여정 혹은 짧은 여행 후에 집에 오면 기쁨이 있다. 집이 최고다. 반겨주는 가족이 있기 때문이다. 가쁜 호흡을 한숨 돌리고 편안한 쉼을 누리는 곳이 집이어야 한다. 우리에게는, 가족에게는 절대반지가 아니라 절대시간이 필요하다. 자녀가 어리다면 함께 보내는 시간이 더 필요한데 부모는 '절대' 시간이 없다고 한다. 이 핑계, 저 핑계를 대며 함께하는 시간이 줄어들면 집은 그저 건물로 남을 뿐이다. 절대 안 되는 일이다.

삼성의 가전 슬로건이 새롭게 등장했다.

이제는 가전을 나답게
'가전'을 가정으로, '나'를 '우리'로 바꿔본다.
이제는 가정을 우리답게

우리답게 가정을 꾸려가려는 의식이 필요하다. 시세차익을 거둘 아파트가 집의 진정한 가치는 아니다. 집 안에 고급 가구와 가전제품을 채워넣으려고 발버둥을 치다 가정의 오리지널을 잃는다. 남의 집처럼 사는 것이 목적이 되어 우리 집을 잃고 만다. 집은 가족이 있어서 집이다. 돈, 가구, 가전제품은 대체할 수 있지만 가족은 대체할 수 없다. 바꿀 수 없는 것이 가장 중요한 것이다. 사랑도 바꿀 수 없다.

둘째 딸이 선물 받은 천 원짜리 반지를 운동장에 떨어뜨렸다. 아이에겐 절대반지였다. 엄마, 아빠, 언니는 캄캄해진 운동장 바닥을 휴대전화 손전등을 비춰가며 막내의 절대반지를 한참 동안 찾았다. 하지만 어둠 속에서 반지를 찾지 못했고, 언니마저 슬퍼하며 눈물을 흘렸다.

다음 날 해가 떴을 때, 우리는 다시 반지를 찾아나섰다. 걸어온 길을 기억하며 살펴본 운동장에서 내가 제일 먼저 반지를 발견했다. 반지를 찾은 내가 도망가자 쫓아 달려오는 아이들의 얼굴에 웃음이 가득 퍼졌다. 천 원짜리 플라스틱 반지를 찾는 동안 우리 가족의 절대반지를 발견했다. 그것은 사랑이다.

반지를 찾은 아빠가 아이에겐 최고의 아빠다. 천 원짜리 반지는 언제든 다시 살 수 있지만 딸을 위해 시간을 낼 수 있는 건 아무나 못한다. 사랑과 시간은 돈으로 살 수 없다. 사랑 안에서 자란 아이들이 진정한 잠재력을 발휘한다. 〈반지의 제왕〉을 열정적으로 사랑한 아이가 있다. 아이는 《해리 포터》라는 전 세계에서 가장 많이 팔린 소설을 쓴다. 마법 같은 아이의 잠재력을 홈플릭스의 마지막 영화 〈해리 포터〉를 보며 찾아보자.

팝콘 다섯

사랑이란?

철학적인 질문에 아이들은 독특한 답을 내놓았다.
아이들과 사랑에 관해 말해보고 표현해보자.

"사랑이 뭐라고 생각하니?"

"사랑이란, 한 소녀가 향수를 바르고, 또 한 소년이 애프터 쉐이브를 바른 후 만나서 서로의 향기를 맡는 거예요."

"사랑이란, 누가 나에게 상처 주는 말을 하거나 날 아프게 해서 내가 너무나 화가 나도 그 사람에게 소리 지르지 않는 거예요. 왜냐하면 내가 그러면 그 사람 기분이 나빠질 테니까요."

"사랑이란, 내가 피곤할 때 나를 미소 짓게 하는 거예요."

"사랑이란, 엄마가 아빠를 위해 커피를 끓인 후 아빠에게 드리기 전에 맛이 괜찮은지 한 모금 맛을 보는 거예요."

"사랑이란, 어떤 남자애에게 너의 셔츠가 이쁘다고 말했을 때, 그 아이가 그 셔츠를 매일 입고 오는 거예요."

chapter 6

〈해리포터〉

그리고 잠재력

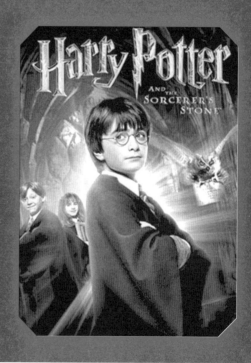

애야, 넌 마법사란다.

_ 해그리드

저주의 마력을
부수는 주문

작은 도시의 가난한 집에서 한 여자아이가 태어났다. 아이는 어
릴 때부터 여동생에게 '홍역에 걸린 토끼' 같은 이야기를 지어서 들
려주었다. 이야기를 만드는 일에 재미를 붙인 아이는 마법사 놀이를
했다. 마법사 놀이를 한다고 마법이 생겨난 것은 아니었다. 아이는
평범한 중고등학교를 다녔다. 다만 마법을 좋아했기에 소설《반지
의 제왕》을 책표지가 마르고 닳도록 읽었다. 대학을 졸업한 아이는
계약직으로 취직했다.

영화 〈해리 포터〉의 원작 소설을 쓴 조앤 롤링 이야기다. 국적과
시대를 소개하지 않고 위의 내용까지만 읽으면 현재 대한민국 평범
한 청년들의 삶과 비슷하다. 평범한 그녀에게 마법 같은 일이 닥쳐
온다. 바로 불행과 고통의 마법이다.

비영리단체에서 계약직으로 일한 조앤은 직장을 잃는다. 직장보
다 훨씬 소중한 어머니도 잃는다. 그녀는 포르투갈로 건너가 영어교

사로 일한다. 포르투갈인 기자와 만나 결혼하지만 이혼한다. 평범한 삶을 꿈꾸던 조앤에게 어머니, 배우자, 직장을 잃는 상실의 마법이 마수를 뻗친다. 사람과 직장을 잃은 조앤에게 가난이라는 또 다른 마법이 그녀를 좌절시킨다.

조앤은 어린 딸과 함께 고향인 영국으로 돌아와 한부모 가정으로 정착한다. 모녀는 한 달 약 40만 원의 보조금으로 근근이 삶을 버틴다. 조앤은 허름한 단칸방에서 딸에게 줄 분유가 부족해 맹물밖에 주지 못한 적도 있었다. 딸도 제대로 먹이지 못한 엄마 조앤도 굶기가 일쑤였다. 조앤에게 《해리 포터》의 주인공 해리처럼 큰 흉터가 남았다.

상실과 가난의 파도가 조앤을 계속 흔들었지만 그녀 안에는 여전히 마법이 있었다. 조앤이 만든 소설 속 인물 해리 포터는 자신 안에 있는 마법을 발견하고 어려움을 헤쳐가길 소망했던 작가의 마음이 반영된 인물이다.

어려움 속에서 조앤은 《해리 포터와 마법사의 돌》 원고를 완성했다. 소설처럼 마법이 일어날 것 같았지만 그렇지 않았다. 원고는 12번 거절당했다. 아이들이 읽기에 너무 길다는 이유였다. 조앤은 포기하지 않고 13번째 출판사 문을 두드렸다. 작은 출판사 블룸즈베리는 《해리 포터》 1쇄를 500부 찍어 출간한다. 원고료를 받은 조앤은 딸에게 처음으로 발에 맞는 신발을 사주었다.

1997년 500부로 시작된 《해리 포터》 시리즈는 10년 동안 약 4억 5천만 부 팔렸다. 2020년 현재 판매부수를 약 5억 부 이상으로 예상한다. 단순히 숫자로만 계산하면 백만 배의 성공이다. 이 기록은 지금도 계속해서 깨지고 있다. 세계에서 가장 많이 팔린 소설이다. 조앤 자신이 표지를 닳도록 읽었던 《반지의 제왕》보다 3배 많은 판매량이다.

미국 유명방송인 오프라 윈프리는 조앤에게 물었다.

"마법을 믿습니까?"

그녀의 질문에 조앤은 딱 한 번 마법을 경험했다고 말했다. 정부 보조금을 받는 가난한 미혼모가 동네 카페에서 《해리 포터와 마법사의 돌》을 쓴 것이 마법이라고 대답했다. 조앤은 자기 내면에 있는 마법을 믿고 꿈을 펼쳤다.

평범한 가정에서 자란 조앤에게 일어난 마법이 우리 아이들에게도 생길 수 있다. 대한민국 교육이 아이의 마법을 빼앗아왔기 때문에 드러나지 못했을 뿐이다. 그 마법은 바로 잠재력이다.

유리천장 이론이 있다. 유리천장은 벼룩에 관한 실험에서 비롯되었다. 벼룩 몇 마리를 빈 어항에 넣는다. 어항 깊이는 벼룩이 충분히 뛰어넘을 만한 높이다. 어항 입구 위에 유리판을 올려놓는다. 벼룩들은 톡톡 뛰어올라 유리판에 부딪친다. 유리판에 충돌한 벼룩들은 유리판 바로 밑까지만 올라가도록 점프한다. 부딪치면 아프기 때문이다. 한 시간쯤 지나면 단 한 마리의 벼룩도 유리판에 부딪치지 않는다. 모두가 고통을 피해 천장에 닿을락 말락 하는 높이까지만 뛰어오른다. 이제 유리판을 치우면 어떻게 될까?

유리판을 치워도 벼룩들은 여전히 어항이 막혀 있는 것처럼 계속 제한된 높이로 튀어오른다. 극소수의 벼룩만이 제한된 높이를 넘어선다. 여성작가 조앤 롤링은 유리판에 여러 번 충돌했으면서도 높이 튀어오른 극소수의 벼룩과도 같다. 벼룩은 가장 높게는 18센티미터, 가장 멀리로는 33센티미터의 도약력이 있다. 사람으로 치면 15층 빌딩을 한 번에 뛰어오르는 셈이다. 마법 같은 잠재력이다.

인류는 벼룩보다 더 놀라운 도약을 했다. 벼룩은 제 몸의 100배가 넘는 점프를 하지만 부러워할 필요 없다. 조앤 롤링은 500부로 시작해 5억 부가 된, 100만 배의 도약을 했다. 달에 발자국을 남긴 존재는 벼룩이 아니라 사람이다. 우리는 문샷(달에 우주선을 보내는 프로젝트)을 할 수 있다.

유리천장은 여성해방운동 용어로 주로 쓰이지만 성별에만 국한되지 않는다. 성별을 비롯해 인종, 국적, 학력, 경력, 부모 직업 등 보이지 않는 유리천장으로 튀어오르지 못하는 아이들이 많다. 대한민국 숟가락 색깔론은 유리천장 역할을 단단히 한다. 금수저로 태어나지 못하면 꿈을 이룰 수 없다며 아이들의 영혼을 숟가락으로 때리는 실정이다. 잠재력이 숟가락 따위에 제한받아서는 안 된다.

사람은 저마다 잠재력이 있다. 잠재력은 영재특집 프로그램에 나오는 특별한 아이들만 가진 것이 아니다. 한 사람의 인생에 축적된 경험 자체가 잠재력이다. 조앤 롤링의 《해리 포터》시리즈는 그녀가 애독했던 톨킨의 《반지의 제왕》과 비교된다. 소위 스펙 차이가 만든 결과다. 톨킨은 옥스포드를 졸업했으며 《반지의 제왕》을 환갑이 다

된 나이에 집필했다. 조앤 롤링은 영국 명문 엑시터 대학교를 졸업했지만 귀족이 아니었기에 주류 사회에 속하진 않았다. 《해리 포터》를 쓴 때도 톨킨보다 훨씬 젊은 시기인 삼십대 초반이었다.

《반지의 제왕》과 비교해 《해리 포터》는 세계관이 엉성하다고 평가받는다. 《반지의 제왕》 애독자였던 조앤도 이 사실을 모를 리 없다. 조앤은 부족함을 인정하고 자신만의 오리지널 경험을 이용해 호그와트 마법학교를 창작했다. 삼십대 초반이었던 조앤은 비영리단체 계약직과 영어교사의 사회경험만 있었다. 마법학교의 설계는 조앤의 직장생활과 깊은 관련이 있다. 마법학교 내에서 귀족과 평민 간의 갈등은 조앤이 다녔던 엑시터 대학교 안의 작은 모형이었다. 그녀는 부족함과 열등감을 재료 삼아 배경, 캐릭터, 이야기를 창작한 것이다. 그 잠재력을 창작으로 이끈 결과는 대성공이었다.

대한민국 교육은 스펙이 안 되니까 자꾸 쌓으라고, 그 정도는 어림없다고 겁을 준다. 흙수저니까, 계약직이니까 희망이 없다고, 네 월급으로 서울에 집을 사려면 백골이 된다고 위협한다. 흙수저와 계약직의 경험으로 성공한 조앤의 경우처럼, 작은 잠재력이 성공의 자양분이 된다고 격려하지 않는다. 대한민국 교육은 잠재력이란 마법을 박살내는 저주의 마력으로 가득 차 있다. 그 힘 또한 강력하다.

저주의 마력을 부수는 단 하나의 주문이 있다. 해리포터가 들었던 말이다.

"얘야, 넌 마법사란다."

이 말을 듣고 자신 안의 마법을 발견한 아이가 있다. 알베르트 아인슈타인이다.

지금은 '아인슈타인'이란 단어가 천재를 상징하는 말이 되었지만, 원어인 독일어로는 '돌'이란 뜻이다. 아인슈타인의 가문은 조상 중에 석공 출신이 있어 '아인슈타인'을 성씨로 사용했다. 아인슈타인이 대한민국에서 태어났으면 짓궂은 친구들에게 '돌대가리'라고 놀림 받았을지 모른다.

아인슈타인은 수학과 물리학에 천재적인 잠재력이 있었다. 그는 교사들도 쩔쩔매는 질문을 자주 하는 유명한 학생이었다. 십대의 아인슈타인은 당시 주입식 독일교육에 불만이 많았다. 갑갑한 마음을 풀고자 그는 스위스로 유학을 갔다. 그러나 대학입시에 낙방했다. 이때 취리히 공과대학장이 아인슈타인의 뛰어난 수학과 물리학 실력을 인정하고 고등학교 졸업장만 가져오면 입학시켜 주겠다는 제안을 했다. 힘을 얻은 아인슈타인은 열심히 공부해서 1896년 스위스 고등학교 졸업시험을 패스했다. 대수학, 기하학, 물리학에서 6점 만점을 받았고, 지리학은 4점, 프랑스어는 3점을 받았다. 대한민국 수능 등급으로는 수학 1등급, 외국어는 5등급 정도다. 그렇다면 과목 1등급이 수두룩한 우리나라에 아인슈타인보다 뛰어난 인재들이 많은 것일까? 절대 그렇지 않다.

가까스로 대학에 입학한 아인슈타인은 좋아하는 과목을 빼고 출석을 거의 하지 않았다. 토익시험 점수를 올리려고, 자격증을 따려고 열심히 공부하는 대한민국 대학생에 비해 노력이 부족한 학생이었다. 자만하고 불성실한 학생을 교수도 잘 봐줄 턱이 없었다. 성적이 좋지 않았던 아인슈타인은 졸업 후 전공과는 무관한 보험회사에 취직했다. 유태인이라는 인종과 독일 국적이 그에게는 유리천장이었다.

취직은 했지만 월급만으로는 생활이 빠듯했다. 결국 아인슈타인은 수학, 물리학 과외 아르바이트를 하기로 하고 베른 신문에 광고를 냈다.

아인슈타인이 당시 신문에 실은 광고

개인 교습
→ 수학과 물리학
전 학년 학생 대상으로 철저한 지도.
알베르트 아인슈타인
(스위스) 연방 이공학 교사 자격증 소지.
게레히티크카이츠 가街 32번지, 1층.
시범 강의 무료.

'시범 강의는 무료'. 이 문구에서 보험회사 직원 아인슈타인의 절박함을 읽을 수 있다. 그런데 광고를 보고 찾아온 사람은 2명에 불과했다. 너무 안 풀리는 인생이었다. 아인슈타인은 실패한 과외 아르바이트로 상사와 싸운 뒤 해고되었다.

이 무렵 아인슈타인은 부친상을 당했다. 그리고 첫딸이 태어나 아빠가 되었다. 동시에 찾아오는 고난이 조앤 롤링의 삶과 닮았다. 실업자가 된 가장은 친구에게 부탁해 낙하산으로 특허청에 취직했다. 당시 특허청 심사관이 주로 접했던 내용은 세계 각지의 시계들을 동기화하는 것이었다. 상대성 이론은 아인슈타인의 직장생활과 연관이 있었고 연구 내용을 논문으로 발표해서 노벨상을 받았다.

노벨상을 받기 이전의 아인슈타인을 대한민국 교육 관점으로 바라보면 소위 루저다. 대학재수생, 전공과 상관없는 보험회사 취직, 개인교습 아르바이트, 낙하산 공기업 취업자. 아인슈타인은 자신에게 다가온 불행을 외면하지 않고 받아들였다. 한 사람에게서 하나만 제거하면 루저가 되고 하나만 있어도 노벨상수상자라는 위인이 된다. 그 '하나'는 잠재력이다. 우리나라에 노벨상이 나오지 않는다고 불평하지 말고 잠재력을 죽이는 교육제도와 사회 시스템을 먼저 바꿔보자.

조앤 롤링이 《반지의 제왕》을 즐겨 읽었다면, 아인슈타인이 즐겨 읽은 책은 무엇일까? 바로 《성경》과 《돈키호테》다. 특히 《돈키호테》는 아인슈타인이 휴식을 취할 때 가장 많이 본 책이다. 지금 이 내용을 읽고 서점에서《돈키호테》를 구입해 아이에게 읽힐 대한민국 엄마들에게 해주고 싶은 말이 있다. 아인슈타인은《돈키호테》를 읽고 노벨상을 받은 것이 아니다. 그는 돈키호테의 모습에서 어려움에 굴하지 않은 고결함을 본받은 것이다. 그것이 노벨상을 받게 된 원동력이었다.

뮤지컬 〈맨 오브 라만차〉의 대표곡 〈이룰 수 없는 꿈〉의 가사는 소설《돈키호테》의 내용에서 비롯되었다. 이 내용 때문에 아인슈타인은 줄곧《돈키호테》를 읽었으리라 짐작된다. 불가능한 꿈을 이룰 수 있는 잠재력이 우리 자녀에게 있음을 믿고 이 노래를 함께 들어보자.

불가능한 꿈을 꾸는 것.
무적의 적수를 이기며,
견딜 수 없는 고통을 견디고,
고귀한 이상을 위해 죽는 것.
잘못을 고칠 줄 알며,
순수함과 선의로 사랑하는 것.
불가능한 꿈속에서 사랑에 빠지고,
믿음을 갖고, 별에 닿는 것.

생존력이
잠재력이다

앞서 조앤 롤링과 아인슈타인의 잠재력을 언급했다. 그런데 이 두 사람도 끝까지 도전하지 않았다면 그들은 역사 속에서 잊혔을 것이다. 두 사람이 좌절 앞에 무릎을 꿇었다면 결과는 어떠했을까? 조앤 롤링은 《해리 포터》 작가가 아닌 에딘버러 지역의 기초생활수급자로 남았을 것이다. 상대성 이론은 아직 없거나 다른 이에게 그 영광이 돌아갔을 것이며, 아인슈타인은 잘돼봐야 특허청장으로 정년 퇴임했을 것이다. 꿈을 포기하지 않는 게 우선이다. 그러나 꿈만 꾸느라 현실을 외면해서는 안 된다. 현실 세계에 살아남아야 잠재력도 발휘될 수 있다. 생존력이 곧 잠재력이다.

해리 포터의 스승이자 호그와트 마법학교의 교장 덤블도어도 이 점을 제자에게 강조한다.

"꿈속에서 사느라 현실을 잊어선 안 된다."

홈스쿨링을 한다고 하면, 주변에서는 흔히 자유롭게 규칙 없는 생활을 누릴 수 있다고 생각하는 경우가 많다. 공교육으로 자녀를 키우는 부모들은 부러움과 걱정 반반으로 우리 부부에게 묻는다.

"자유로워서 좋겠어요."(부러움 섞인 한심함)

"애들이 제대로 배울 수 있을까요?"(걱정을 빙자한 참견)

둘 다 일리 있는 생각이다. 홈스쿨링이 주는 자유가 방종이 되고, 방종이 나태가 될 수 있다. 반대로 공교육이나 대안학교보다 더욱 엄격한 잣대로 자녀를 힘들게 할 수 있다. 홈스쿨링은 부모와 자녀가 합의하지 않는다면 고통스러운 교육이 될 수 있다.

우리 부부는 홈스쿨링을 시작하며 초창기 아이와 부모 모두 나태해질까봐 엄격한 기준을 정했다. 매일 학습일과표를 정하고 해야 할 일 리스트, 하지 말아야 할 일 리스트를 길게 열거하며 아이들에게 지시했다. 아이들도 힘들었고 우리 부부도 힘들었다. 아내와 나는 두 딸들이 잠자리에 든 후, 오랫동안 고민을 나누었다.

"어떻게 해야 할까?"

"글쎄. 어떻게 해야 하지?"

홈스쿨링 선배들도 다양한 스타일이 있기에 상담을 하면 각기 다른 방식으로 조언했다. 어떤 아빠는 더 빽빽한 커리큘럼과 엄격한 일과표를 제안했고, 어떤 아빠는 내가 너무 가혹한 아빠라고 비판하며 아직은 마냥 놀 때라며 조언했다.

돌아보면 초창기 1년, 홈스쿨링의 방향과 기준을 정하는 시간에는 고통과 눈물이 있었다. 그러나 이 시간을 생략했다면 지금쯤 홈스쿨링은 포기하고 아이들을 학교에 보냈을 것이다. 고통과 눈물 그리고 고민이 오히려 교육방향에 큰 도움이 되었다.

아이 학원을 결정하는 것은 짧게는 1시간, 길게는 하루 만에 결정할 수 있지만, 가족이 함께 어떻게 배우고 가르칠지는 1년은 고민해야 한다. 교육을 백년대계라고 하는데, 대한민국 교육은 '백분소계'에 불과하다. 100분 토론만 하면 끝이다. 부모는 어떤가? 자녀 교육을 위해 100분이라도 고민하고 있는가? 내가 말하는 고민은 학원이나 대학을 선택하는 유가 아니다. 우리 아이가 어떻게 배우고, 어떻게 살지를 선택하는, 평생에 걸친 고민이다.

뭐든지 처음 시작하면 서툰 것이 당연하다. 오랜 세월 공교육을 당연하게 받아들이고 배웠던 우리 부부가 새로운 길을 가는데 헤매지 않는 것이 더 이상한 일이다. 헤매는 시간을 어느 정도 보낸 뒤에야 홈스쿨링에 익숙해질 수 있었다. 좋은 습관들이 몸에 배면서 익숙함이 더해갔다.

가장 먼저 들인 좋은 습관은 옷차림이다.

어떤 옷을 입느냐에 따라 자세가 달라진다. 제대로 된 옷을 입고 일하는 모습을 보면 전문가 냄새가 난다. 우리 집에서는 가족 모두가 일어나면 씻고 옷부터 갈아입는다. 홈스쿨링 초기에 아이들이 실내복 또는 잠옷을 입고 생활하는 경우가 종종 있었다. 그때마다 아이들이 나태해지는 모습을 발견했다. 비록 휴일이라도 아빠인 나부터 옷을 갈아입는다. 홈스쿨링은 지시가 아닌 실천으로 제 힘을 발휘한다. 이 생활을 1년 넘게 반복하자 습관이 되었다. 아이들은 이제 말하지 않아도 일어나면 씻고 옷을 갈아입는다. 이웃집에서 고등학생 자녀들에게 일어나서 씻고 학교 가라고 외치는 소리를 들으면 안타까운 마음이 든다.

다음으로는 인사다.

처음 보는 사람에게라도 예의 바르게 인사해야 한다. 흔히 홈스쿨링을 하면 사회성이 떨어질 것이라고 우려하는데, 그렇지 않다. 진정한 사회성은 자신보다 연령이 낮거나 높은 사람, 사회적 배경이 다른 사람과도 친밀하게 지낼 수 있는 데서 나온다. 고작 한 살더 많은 선배 앞에서 주눅 드는 공교육과는 비교할 수 없는 사회성을 홈스쿨링을 통해 익힐 수 있다. 홈스쿨링에서는 또래 친구뿐 아니라 동생이나 상급자, 친구의 부모와도 자연스럽게 대화할 수 있는 환경이 갖춰진다. 홈스쿨링 가정들이 연합하는 모임에 가면 처음 만난 어른과 자연스럽게 대화하는 청소년들을 보고 감탄한다. 물론 어딜 가나 예외는 있지만.

마지막으로 가족 공동 프로젝트다.

우리 가족은 아침에 일어나면 같은 내용의 성경을 읽고 요약해서 자신의 노트에 기록한다. 마치 숙제 같지만 일종의 독서토론이다. 아인슈타인도 즐겨 읽었다는 성경을 읽지 않을 이유는 없다. 아빠인 나는 성경을 1장 읽고 제목을 정해 매일 카드뉴스를 만든다. 가족 중 제일 먼저 일어나는 내가 휴대폰으로 카드뉴스를 만드는 모습을 보고 두 딸들이 딴짓을 한다고 오해할 때가 있어서 그 내용을 알려주었다.

먼저 오늘 날짜를 쓰고, 다음엔 제목을 정한다. 이어서 인상 깊었던 성경 내용 중 한 줄을 적는다. 자신이 생각한 점과 오늘을 어떻게 살지를 적으면 끝이다. 2년 동안 빠지지 않고 매일 카드뉴스를 만들어서 이제는 수백 장에 다다른다. SNS계정에도 카드뉴스를 올리는데, 만나본 적도 없는 사람들이 '좋아요'를 누르고 댓글도 남겨준다. 훗날 시간이 흘러 손주들의 남겨주는 '좋아요'와 댓글도 기대해본다.

1주일에 1번은 가족모임 시간을 꼭 갖는다. 이 시간은 한 주 동안 공부하고 살아온 내용을 마음 터놓고 이야기하고 듣는 시간이다. 아빠인 나도 어려움이 있다고 딸들에게 토로한다. 아빠가 하고 있는 일도 알려준다. 아내와 내가 운영하는 회사 '미라클스토리' 홈페이지 중 대표와 감독의 얼굴은 큰딸이 다섯 살 때 그린 엄마와 아빠 그림이다. 저작권이 안전하다.

나는 광고영상을 드라마로 제작하면서 소품에 사용할 그림을 딸에게 부탁했다. 부탁한 결과, 3부작 웹드라마 〈아쿠아마인 9 to 9〉 중 마지막 내용에서 지친 아빠에게 힘내라는 메시지가 그림을 통해 전달된다. 그 그림을 직접 딸이 그렸기에 감독이자 아빠인 내가 볼 때는 더 감동적으로 다가왔다. 흔히 드라마나 영화에서 아이가 그린 그림을 소품으로 쓸 때 전문작가가 아이가 그린 것처럼 그린다. 우

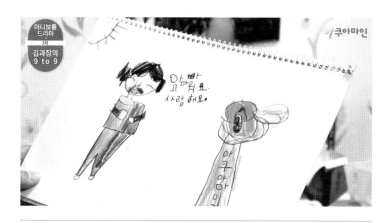

웹드라마 소품으로 사용한, 큰딸이 7세 때 그린 그림

리는 이를 극복했기에 감동이 더 컸던 것 같다. 아이에게 포트폴리오와 용돈이 생긴 것은 덤이다.

나는 고객사, 협력사에 방해되지 않는 한도 내에서 아이들을 일터로 초대한다. 화장품 광고영상을 제작할 때 필요한 소품을 아이들에게 사오라고 심부름도 시켰다. 촬영하고 편집하는 과정, 이 영상을 제작하며 드는 비용과 견적도 알려준다.

여건이 허락하면 아이들과 지방출장도 간다. 경남 합천에 위치한 비영리기관에서 유튜브 강의를 할 때였다. 강의를 마친 후에 두 딸들을 오래된 자전거에 태우고 논두렁길을 달릴 때와 낚시할 때 출장의 행복을 느낄 수 있었다. 충남 천안에 위치한 한 대학교에서 영상 심사를 하는 동안 아내와 아이들은 독립기념관을 여유롭게 방문했다. 일정을 마친 다음에는 나도 합류해서 천안 명물빵집 뚜쥬르를 산책하며 빵 맛도 볼 수 있었다. 진정 꿀맛 출장이었다.

어떤 교육이 현실적이고 아이의 생존력을 키우는 교육일까? 서로 어떻게 사는지도 모른 채 부모는 일터로 가고, 아이는 학교와 학원에 가서 공부만 열심히 하는 것이 과연 현실적인 교육일까? 대한민국 교육은 그간 현실을 직시하라면서 점수를 올리고 명문대에 가는 일에만 열을 올렸다.

전혀 현실적인 교육이 아니다. 현실을 잊은 채 문제집만 풀고 대학에 간 많은 학생들이 졸업 후 금전과 시간의 피해를 입는다. 나도 그 피해자 중 한 명이다. 나는 수도권 4년제 영화과를 전공하고, 대한민국 굴지의 편집실에 입사했다. 4대 보험 없이 월급 70만원을 받았다. 업계 최고 대우였다. 하지만 1년을 넘기지 못했다. 대한민국의 퇴사율이 높은 데는 비현실적인 교육, 생존력을 키우지 못한 교육 탓이다. 현실적인 교육을 받지 못한 나는 생존력이 부족했다.

사업도 마찬가지다. 정부에서는 창업을 지원한다며 그럴듯한 서류로 될 법한 발표를 하면 지원금 명목으로 큰돈을 쥐어준다. 소위 먹고 튀는 먹튀가 창업 세계에 즐비하다. 밑바닥을 모르고 돈부터 쥐어주니 생존력으로 기업이 성장할 수 없다. 먹고 튄 당사자는 좋을지 모르지만 결론적으로 국가는 돈 낭비, 개인은 시간 낭비다. 돈을 쥐어주기 전에 생존력을 길러줘야 한다.

일본 경영의 신이라 불리는 마쓰시다 전기산업(현 파나소닉)의 창업주 마쓰시다 고노스케는 이렇게 말했다.

"가난과 허약, 무학은 하늘이 내게 준 축복이다. 집안이 가난했기 때문에 열심히 일을 해야 했고, 몸이 허약했기 때문에 건강에 신경을 썼고, 배움이 없었기 때문에 학식 있는 사람들의 충고를 경청할 수 있었다."

마쓰시다 고노스케는 생존력 하나로 일본 경영의 신이 되었다. 생존력으로 모든 장애물을 뛰어 넘었다.

나는 창업 초창기, 홈스쿨링 십대 청소년을 일주일에 한 번 출근을 조건으로 고용한 적이 있다. 2년간 함께 일한 아이는 어느새 대학 입학을 앞두고 있었다. 마침 비영리기관에서 영상제작 의뢰가 들어왔다. 회사가 진행하기에는 적은 예산이라 프리랜서가 어울릴 듯하여 2년 동안 함께 일한 학생을 추천했다. 학생은 발달장애인들의 미술학습 프로그램 결과보고 영상을 성공적으로 마무리했다. 시사가 끝나고 아이가 데뷔한 작품은 극찬을 받았다.

세금처리를 위해 나이가 적힌 신분증을 팩스로 받은 담당자는 경악했다. 17세 학생이 만든 것이라고 전혀 예상하지 못했을 것이다. 감독과 사장으로 데뷔한 그 학생은 이듬해에 광고미디어학과로 유명한 국내 대학에 수시입학했다. 이미 사장이 된 아이는 면접에서 학생들을 압도했다.

대학 생활 1학기를 마친 학생은 대학교 1학년 전체에서 1등 성적상을 받았다. 영상으로 돈을 벌어봤으니 공부할 이유가 충분했을 것이다. 이게 바로 생존력 강한 아이가 세상과 학교에서 펼치는 힘이다. 꿈속에서 사느라 현실을 잊게 만든 대한민국 공교육에서 이런 인재는 나올 수 없다. 어른과 교사들의 말을 잘 듣기만 한다고 살아남지 못한다. 2014년 세월호를 통해 우리는 이미 아프게 경험했다. 대한민국 교육은 현실성도, 생존력도, 생명력도 잃었다.

생명에는 숭고함이 있다. 잠든 아이 모습을 보면 감동이 온다. 숨을 들이켜고 내쉴 때 오르락내리락거리는 아이의 배를 보면 사랑스러워 꼬옥 끌어안지 않고는 못 버틴다. 아이의 심장이 내 심장에 맞닿아 두근거림이 전해지고, 콧김에서 생명의 숨결이 전해진다. 조물주가 흙에 숨을 불어넣어 사람으로 만든 것이 정녕 믿어진다.

아이의 심장은 죽는 날까지 멈추지 않을 것이다. 아이의 심장 안에 생존력이 있다고 생각하면 내 가슴도 두근거린다. 아빠로서 우리 아이가 생존력이 무럭무럭 자라 어떤 어려움에도 좌절하지 않고 자신의 꿈을 펼치기를 응원한다.

약자를 대하는 방법

영화 〈해리 포터〉의 주인공 해리는 불우한 유년기를 보낸다. 어릴 때 부모를 잃고 이모부와 이모에게 학대를 당한다. 해리는 학교 폭력 피해자이기도 하다. 고아와 약자로 천대받던 해리는 한 사람으로부터 자신이 마법사임을 듣고 호그와트 마법학교로 간다. 그는 해리에게 참된 교사이자 다정한 친구였던 해그리드다.

해그리드는 제자 해리와 편지와 선물을 주고받고, 줄곧 제자에게 헌신한다. 해리가 잠시 누명을 쓰고 호그와트 마법학교에서 쫓겨났을 때, 유일하게 기다려준 사람도 해그리드였다. 해리의 가장 친한 친구인 론이나 헤르미온느가 그를 믿지 못할 때조차 해그리드는 끝까지 해리를 믿었다.

해리 포터를 사랑 어린 눈으로 바라보는 교사이자 친구인 해그리드를 보면 중학교 시절 선생님이 떠오른다. 나는 해리만큼 불우한 환경은 아니었지만 중학교 2학년 때 사춘기를 심하게 겪었다. 한번은 사람은 과연 몇 시간 동안 잠들지 않을 수 있을까를 실험하느라 이틀 밤을 꼬박 새운 날이 있었다. 비몽사몽인 상태에서 체력장을 했다. 다른 종목에서는 잘 버텼는데 100미터 달리기에서 어질어질 하다가 운동장 바닥에 쓰러졌다. 당시 국어를 가르치시던 담임님이 양호실에서 날 돌봐주셨고 이후로도 따뜻한 마음으로 바라보셨다.

그날 이후 다른 어떤 과목보다 국어를 좋아하게 되었다. 선생님이 가르치는 과목이기 때문이다. 나는 선생님이 읽던 책을 서점에서 사서 읽고, 선생님과 교환노트를 썼다. 그 시간이 참 행복했다. 시와 소설을 쓰며 선생님께 전해드리는 그 시간을 통해 사춘기의 어두운 터널을 잘 통과할 수 있었다.

영화감독을 꿈꾸었던 것도 그때의 경험과 기쁨이 가장 큰 영향을 주었다. 그로부터 5년이 지나고 2000년 대학에 합격했을 때, 선생님 댁에 전화를 걸어 감사 인사를 했다. 중학교 2학년 수개월이라는 짧은 시절 만난 교사가 대입과 무슨 상관있냐고 물을 수 있겠지만, 학생에게 중요한 것은 시간이 아닌 동기부여다. 오랜 시간을 함께 보낸 사람보다 인생의 터닝포인트를 제공한 사람이 오랫동안 기억에 남는다. 유명인들이 학창시절 친구나 스승을 찾는 프로그램 〈TV는 사랑을 싣고〉가 장기간 인기를 누렸던 것을 보면 그 사실을 알 수 있다.

약자였던 해리는 해그리드의 격려와 사랑으로 강하게 성장한다. 부상당한 해리를 위즐리 부인은 어머니처럼 끌어안는다. 어린 시절 부모를 잃은 해리는 사랑과 용기를 주는 스승과 친구들로 인해 마법 잠재력을 펼친다. 대한민국에도 해그리드와 위즐리 부인처럼 소외받은 아이들에게 사랑을 전하는 사람들이 있다.

잉쿱영어교육협동조합은 소외계층 아이들에게 영어교육을 하는 단체다. 교사는 주로 기혼 여성들인데 해외에서 유학, 이민생활을 하다 귀국한 주부가 엄마의 마음을 담아 영어를 가르친다. 나도 잉쿱이 주관한 영어 말하기대회 등을 촬영하며 잉쿱 이야기를 깊게 들을 수 있었다. 취약계층 아이들을 처음 가르칠 때 관계가 가장 힘들다고 한다. 어떤 아이는 교사를 만나면 질문을 빙자해 영어로 욕을 하기도 했단다.

잉쿱은 영어를 도구로 아이가 받지 못한 엄마의 사랑을 전한다. 해그리드처럼 믿고 사랑하며 가르치자 영어 성적이 밑바닥이던 아이들 중에서 100점도 나왔다. 영어 성적을 뛰어넘어 배우고자 하는 의지를 심어주는 잉쿱 교사들의 헌신에 큰 감동을 받았다. 약자에게 준 사랑이 잠재력으로 꽃 피는 모습을 계속 볼 수 있길 응원한다.

여명학교는 북한이탈청소년들을 위한 대안학교다. 내가 출석하는 돌베개교회 안신권 담임목사가 여명학교의 문을 열었다. 나는 그와 가깝게 교제하며 여명학교 이야기를 자세히 들을 수 있었다. 탈북 청소년을 위해 야학 봉사를 하던 청년은 대림동 지하 단칸방에서 여명학교를 시작한다. 가르치는 것은 둘째 치고 아이들이 친 사고들을 감당하기도 벅찼다. 수시로 경찰서에 들락거렸다. 때로는 책상 위에 커다란 칼이 놓이기도 했었다. 아이들 때문에 종종 겁도 나고

화가 나기도 했던 그는 교실로 들어가며 늘 이렇게 말했다.

"애들아, 아빠 왔다."

아빠의 마음으로 가르친 청년은 목사의 소명을 받아 선릉역 한복판 빌딩 회의실에서 교회를 시작했다. 아빠 왔다고 외치며 가르친 제자 중 한 명이 어느 부활절에 교회로 스승을 찾아왔다. 스승이던 목사가 건네준 포도주를 묻힌 빵을 받아든 제자는 대한민국의 건설 사업가로 성장해 있었다. 월급 주는 직원들도 여러 명 두고 있다는 그는 쑥스러운 듯 주머니에서 구겨진 봉투를 꺼내 헌금함에 넣었다. 자신의 잠재력을 키워준 스승에 대한 작은 선물이었다. 결혼 안 한 총각이 아빠의 사랑으로 시작한 여명학교는 지금 더 큰 교정 건축을 진행 중이다. 소외된 약자, 북한이탈청소년들이 더 큰 학교에서 잠재력을 펼칠 수 있길 응원한다.

약자를 대하는 태도에서 사회 성숙도가 드러난다. 잉쿱과 여명학교처럼 약자를 사랑과 관심으로 돌보는 아름다운 모습이 있는 반면, 약자를 힘으로 누르는 안타까운 모습도 많다. 대한민국의 학교, 군대, 직장 등에서 폭언, 폭력, 위협, 왕따가 넘친다. 어떤 기업이 집단 행동을 연구하기 위해 원숭이를 대상으로 한 실험을 보면, 조직적으로, 대물림되어 행해지는 폭력이 얼마나 어리석은 일인지 짐작할 수 있다.

빈 방에 원숭이 다섯 마리를 들여보낸다. 방 한가운데 사다리가 세워져 있고, 그 꼭대기에 바나나가 놓여 있다. 원숭이 한 마리가 바나나를 보고 사다리를 기어오른다. 하지만 원숭이가 다가가자마자

천장에서 찬물이 쏟아져 원숭이를 떨어뜨린다. 나머지 네 마리도 똑같은 일을 당하자 모두가 바나나 먹기를 포기한다. 이후 새로운 원숭이가 입장한다. 천장에는 더 이상 물이 쏟아지지 않지만 물벼락을 뒤집어 쓴 원숭이들은 이 원숭이가 올라가려고 하자 모두 말린다. 이유를 모른 채 이제 막 입장한 원숭이는 나머지 원숭이들과 실랑이를 벌이다 뭇매를 맞는다.

영문도 모른 채 매 맞은 원숭이는 이후에 들어온 원숭이를 보자마자 두들겨 팬다. 찬물을 뒤집어 쓴 원숭이들이 모두 나갔지만 이제 원숭이들에게 바나나는 안중에 없다. 다만 새롭게 들어온 원숭이는 매 맞는 규칙이 생겼다. 대한민국 학교, 군대, 직장에서 흔히 보는 신고식 모습과 꼭 닮았다. 신입이 들어오면 폭력을 가한다. 이유도 모른 채 때리고 맞는다. 더욱 안타까운 것은 폭력은 학습된다는 것이다. 가정도 예외가 아니다. '폭력의 대물림'은 실제 통계에서 확인되었다.

2018년 한국보건사회연구원의 보고서에 따르면 전국 미성년 자녀를 둔 부모 4,008명 중 가정폭력 가해 경험이 있다고 답한 2,153명을 조사한 결과 89.5%가 아동기 때 폭력 경험이 있다고 밝혔다. 가정폭력 피해자 10명 중 9명은 가해자가 되는 것이다. 부끄럽지만 나도 9명 중 한 명이다.

큰딸에게 칫솔질을 막 가르치려던 때였다. 이를 꽉 다물고 고집 피우는 아이와 실랑이를 벌이다 아이의 칫솔로 머리를 콩 하고 때렸다.

"아빠 나쁜 아빠야!"

모국어가 아직 서툰 아이가 내뱉은 한마디에 정신이 번쩍 들었다. 아이를 꼬옥 끌어안고 미안하다고 사과했다. 그때로부터 5년이 지난 지금도 아이는 그 일을 기억하고 있다. 아빠인 내게는 부끄럽고 딸에게는 아픈 기억이다.

둘째 딸은 만 세 살까지 밤에 잠을 자다 새벽에 한두 번 꼭 일어나 울었다. 어떤 밤은 내가 소리를 질렀는데, 고함을 들은 둘째 딸은 더욱 자지러지게 울었다. 다음 날 아침, 나는 우리 집 고함과 울음소리를 함께 들었던 아래층 이웃에게 미안하다는 말을 건넸다. 진짜 미안한 마음은 딸에게도 전했어야 했다. 어느새 훌쩍 커서 아기 티를 벗은 둘째 딸을 꼭 끌어안았다. 소리 질러서 미안한 빚진 마음을 지금도 갚아가는 중이다.

가정, 학교, 군대, 회사에서 폭력을 당한 아빠들이 자신의 가정에서 폭력을 대물림하고 있다. 나도 예외가 아니었다. 약자를 대하는 방법이 힘이라고 배운 결과다. 대물림된 폭력은 인터넷에서도 강력한 힘을 펼친다. 폭력과 조롱으로 진화한 악플이 생명을 죽인다.

2020년 3월 국내 포털사이트 네이버는 연예뉴스 댓글 서비스를 종료했다. 유명인들이 악플에 시달리다 스스로 목숨을 끊는 사고가 연이어 발생했기 때문이다. 그런데 악플로 자살을 생각하는 사람이 비단 연예인뿐일까?

한국청소년정책연구원의 2016년 실시간 조사에 따르면, 중학생들 가운데 1년간 게시판 댓글이나 메신저, 사회관계망서비스에서 욕설이나 모욕 등 사이버 괴롭힘을 당했다는 응답자는 16.6%였다. 성희롱 피해, 인터넷 따돌림, 협박은 별개다. 연구 결과에 따르면 사이버 괴롭힘 피해가 1점 증가할수록 극단적인 생각이 떠오를 가능성은 57.7% 늘었다. 친구를 찾고 싶어서, 외로워서 인터넷을 하는데 죽고 싶은 생각이 들 만큼 괴로운 일이 생긴다는 것이 결론이다.

학교폭력도 4차 산업혁명 시대에 접어들었다. 만나지도 못한 사람이 남긴 악플로 인해 죽고 싶단 생각이 들게 된 것은 기술의 저주다. 해리 포터는 용서받을 수 없는 3번의 저주를 받고도 살아남았다. 우리 아이가 해리처럼 마법을 가졌거나 예언을 이루기 위해 뽑힌 아이가 아니라면 어린 나이에는 마땅히 휴대폰과 인터넷 사용을 제한해야 한다. 악플의 저주를 받아 위험에 처할 것을 알면서도 아이 손에 스마트폰을 쥐어주는 것은 어리석은 일이다. 그런데도 식당에서, 차 안에서 스마트폰을 바라보는 많은 아이들을 보면 안타깝다.

물리적인 폭력도 인터넷상의 폭력도 모두 갑질이다. 대한민국에 건강한 갑이 절실하다. 건강한 갑은 '공평'의 정의를 제대로 아는 사람만이 될 수 있다. 아이들과 함께 보는 책 〈아름다운 가치사전〉을 보면 공평을 이렇게 정의하고 있다.

공평이란, 필요한 사람에게 더 많이 주는 것

엄마와 아들이 밭에서 상추를 따는 삽화가 그려진 지면을 보면 아이에게 공평을 가르쳐주는 엄마의 지혜를 배울 수 있다.

"현규야, 이모네는 우리 집보다 식구가 많으니까 더 많이 필요할 거야. 이것도 없어 주렴."

회사 돈으로 명품 사고 회사 비행기로 그것을 실어온 부모에게서는 배울 수 없는 가치가 바로 공평이다. 약자를 대하는 방법을 악하게 배운 자녀들은 언젠가 큰 고초를 치르게 된다. 자녀 잠재력 대신 악행이 드러나기 때문이다. 오블리제 없는 노블레스는 사회에 악취를 풍긴다.

해리 포터의 아빠인 제임스 포터도 그러했다. 그는 부유한 집안에서 부모님의 사랑을 잔뜩 받았지만 비뚤어진 성격으로 마법학교의 유명한 일진이었다. 제임스는 아무 이유 없이 동료 스네이프를 악랄하게 괴롭혔다. 해리는 자신을 괴롭히던 교사 스네이프의 팬티를 벗기는 아빠 제임스의 과거 모습을 보며 경악한다. 해리는 학교폭력 피해자였기에 가해자인 아빠에게 큰 실망을 한다. 해리의 아빠가 실망스러운 학창시절을 보낸 원인이 늦둥이를 얻은 노부부가 외동아들을 애지중지 키웠기 때문이라는 해리 포터 팬들의 주장도 있다. 일리 있는 말이다. 자녀가 부모의 갑이 된 결과다.

우리 자녀를 학교폭력을 행하는, 악플을 다는 악한 갑으로 키우고 싶은가? 아니면 세상에 빛이 되는 건강한 갑으로 키우고 싶은가? 자녀의 갑인 당신에게 달려 있다. 자녀가 갑이 아니라 부모가 갑이다. 부모는 아직 약한 자녀를 사랑으로 보살피고 건강한 가치관을 가르칠 책임이 있다. 자녀에게 능력과 스펙만 뛰어난 갑을 주입시켜서는 안 된다. 자녀를 갑이라 생각하고 쩔쩔매며 원하는 것만 채워주는 것도 금물이다. 그런 자녀는 부모와 사회에 악한 갑질을 하는 괴물이 된다.

우리 모두는 예외 없이 다 약자로 태어난다. 인간의 몸으로 태어난다는 것 자체가 약함의 증거다. 태어나자마자 네 발로 벌떡 일어서서 걷고 뛰는 짐승과는 다르게 인간은 누워서 지내야 한다. 부모의 섬세한 돌봄을 받아야 한다. 돌봄을 받아야만 아기는 성인으로 자랄 수 있다. 위대한 인물들도 예외가 없다. 가난하고 약한 아이들이 인류사의 거인이 된 배경은 그들을 돌봤던 부모와 사회의 따뜻한 사랑이었다. 자녀를 위대한 인물로 키우겠다는 꿈, 당신도 꿀 수 있다.

해리도 〈불사조 기사단〉에서 명언을 남겼다.

"역사상 위대했던 마법사들도 전부 처음엔 우리처럼 학생이었어. 그들이 해냈다면 우리도 문제없어."

위인을 키운 부모들도 처음엔 초보였다. 초보 부모인 우리도 문제없다.

마지막까지
네 곁에 있을게

해리 포터는 부활의 돌을 사용해 사망했던 부모의 영혼을 소환한다. 아버지의 과거를 보며 해리는 실망감을 느끼기도 하지만 부자지간의 정은 어쩔 수 없었다. 둘은 헤어지면서 명대사를 남긴다.

"아빠, 내 옆에 있을 거죠?"
"마지막까지 그럴게."

부자지간에 이어 모자지간의 명대사도 나온다.

"제 옆에 있어 주세요."
"언제까지나 그럴 거란다."

고아로 자란 해리 포터는 자기 옆에 엄마, 아빠가 늘 있어주길 바랐다. 그래서 유령의 모습으로나마 만난 부모에게 곁에 항상 있어달라고 부탁한다. 아이의 부탁에 일찍 세상을 떠난 부모는 그러겠다고 대답한다. 원문으로 읽으면 그 감동이 더한다.

"Until the very end."
"Always."

이 영어 문구를 새긴 티셔츠와 문신이 유행하는 이유는 사람이라면 누구나 부모가 항상 옆에 있어주길 바라는 마음에서가 아닐까.

갓 태어난 아기를 보면 마음이 건조한 사람이라도 눈가가 촉촉해진다. 아기의 깜박이는 눈, 꼼지락거리는 손과 발을 통해 생명이 주는 감동이 고스란히 전해온다. 이제 막 아빠가 된 나도 그랬다. 그 다음으로는 불안감이 몰려온다. 사람이 가진 한계 때문이다. 인류는 오랜 시간 연인, 부부, 자녀, 부모에게 항상 곁에 있을 것을 약속해왔지만 노래와 시에 그쳤을 뿐이다. 기간의 차이만 있을 뿐 사람은 누구나 시한부 인생을 산다. 영원히 곁에 있겠다고 고백하지만 그 약속을 지킬 수 없다. 나도 갓 태어난 딸 곁에 영원히 함께 있고 싶지만 그럴 수 없기에 불안했다.

영화 〈말아톤〉에서 발달장애 아들을 키우는 엄마의 대사는 같은 고통을 겪고 있는 많은 부모들을 울렸다.

"내 소원은 초원이가 저보다 하루 먼저 죽는 겁니다."

과연 자녀가 부모인 자신보다 하루 먼저 죽길 바라는 부모가 어디 있을까? 〈말아톤〉은 대한민국에서 발달장애인이 부모 도움 없이 살아가기 힘든 현실을 아프게 표현했다. 자녀가 발달장애가 아니더라도 어린 자녀를 가슴에 묻는 이 땅의 부모들이 많이 있다. 장례식장에 여러 차례 방문했지만 아이를 잃은 부모 앞에 서면 입술은 막막해지고 가슴은 먹먹해진다.

홈스쿨링 선배 아빠는 사랑하는 딸을 십대에 하늘나라로 떠나보냈다. 그는 먹먹한 마음을 달래주는 시를 생활소품에 손글씨로 적어 주변 부모들에게 나누고 있다. 시의 제목은 〈아이들은 기다려주지 않으니까〉이다. 시 내용 중 일부를 옮겨 적는다.

집안일을 잠시 제쳐두고
아이를 그네 위에 태워주고 즐겁게 놀아주는 때가 있다.
깨뜨린 접시를 입맞춤으로 넘기며
나무라는 대신 노래하고
찡그리는 대신 미소 짓는 때가 있다.
그가 물어보는 모든 것에 일일이 대답해준다.
그가 대답을 원치 않는 때가 곧 오기 때문에.

그가 학교 가는 것을 지켜보고
그가 마음을 쏟는 다른 사람들이 있음을 알지만

그가 집에 오면 문 열어주고

그의 하루 얘기를 귀 기울여주는 때가 있다.

곧……

아주 곧 그를 놓아보내고

그가 없음을 아쉬워하는 때가 오리니

아이들은 기다려주지 않을 테니까……

집은 기다려줄 것이며

그릇도, 새 방도, 새 가구도 기다릴 수 있겠지만

아이들은 기다려주지 않을 테니까……

위 시의 내용처럼 아이들은 기다려주지 않는다. 아홉 살 된 큰딸을 보며 나는 딸과의 직접적인 교육이 10년 남았다고 생각한다. 그래서 그 10년 중 하루인 오늘을 소중히 보내려 한다. 사람으로 이 땅을 사는 동안 누구도 내일을 기약할 수 없다. 딸들이 지금보다 많이 어렸던 6년 전에 그 깨달음은 더 절실하게 다가왔다.

2014년 여름, 나는 3주간 태국 다큐멘터리 촬영을 마치고 돌아왔다. 귀국해서 머리와 안면에 심한 통증이 있어 병원에 갔다. 병명은 3차 신경통이었다. 잠시나마 통증을 완화하는 약을 먹었지만 밤에는 고통이 심해 가족과 떨어져 홀로 지냈다.

내가 할 수 있는 일은 통증일기에 고통이 찾아온 시간과 종류를 적는 것뿐이었다. 한 달 가까이 고통의 시간을 보내며 정밀검사를 받았다. MRI 촬영을 위해 난생처음 기다란 통에 들어갔다. 3차 신경통의 원인 약 10%는 뇌종양이었기에 뇌를 정밀 촬영했다. 1시간이 되지 않는 시간 동안 웅웅거리는 통 안에서 여러 가지 생각이 떠올랐다. 보험은 얼마나 들었지? 아내에게 재혼하라고 해야 하나? 첫 돌이 아직 되지 않은 둘째 아이 얼굴이 떠올라 눈물이 얼굴을 타고 흘렀다.

다행히 뇌종양은 아니었다. 지금은 난치병으로 알려진 3차 신경통도 말끔히 나아서 고통 없이 지내고 있다. 극심한 고통을 지나면서 소중한 깨달음을 얻었다. 아이들과 시간은 기다려주지 않는다는 것이다. 평일 낮에 아이들의 그네를 밀어주고 괴물 놀이를 하는 아빠인 나를 가끔 부러운 듯, 또는 한심한 듯 쳐다보는 시선들이 있다. 나는 이들이 혹여 내게 젊은 사람이 대낮부터 노느냐고 물어보는 것을 가정하고 답변을 늘 가슴에 품고 있다.

"제가 사실은 시한부 인생입니다. 아이들과 노는 것을 미룰 수 없어 이렇게 놀고 있어요."

시한부 인생임을 알고 살면 부모 잠재력이 터진다. 자녀를 향한 부모 잠재력이란 시간을 내어줄 수 있는 용기다. 누구도 부모의 노화와 자녀의 성장을 멈출 수 없다. 그래서 오늘 필요한 시간을 써야 한다. 때를 놓치면 부모도 자녀도 손해를 본다. 그 결과를 우리는 장례식장에서 발견할 수 있다. 죽음 앞에서 사람은 맨 얼굴이 드러난다. 부모의 죽음 앞에, 또는 자녀의 죽음 앞에 하지 못한 말들이 눈물과 함께 쏟아진다. 부모 살아생전 함께 누리지 못한 시간들로 자녀는 통곡한다. 효자도 울지만 불효자는 더 운다. 자녀의 죽음 앞에 삶의 우선순위를 놓친 채 전력 질주했던 부모는 억장이 무너진다.

나와 아내의 영정사진, 딸들의 영정사진을 떠올려본다. 오늘은 참 소중한 하루다.

'메멘토 모리'는 '죽음을 기억하라'는 라틴어다. 로마 공화절 시절, 전쟁에 승리한 장군에게 화려한 개선식이 선물로 주어진다. 얼굴을 붉게 칠한 채 백마 4마리가 끄는 전차에 올라탄 장군은 영웅으로 숭배 받는다. 환호성을 받는 그 마차에 노예 한 명이 함께 탔는데, 그가 끊임없이 외치는 말이 바로 메멘토 모리다. 죽음을 기억하라. 메멘토 모리는 전쟁영웅이라도 결국은 죽게 되는 인간에 불과하다는 일종의 경고였다.

마지막까지 옆에 있겠다는 약속을 지켜줄 부모는 아무도 없다. 돈과 힘으로도 지킬 수 없는 약속이다. 대한민국 최고 부자도 그들의 자녀 앞에서는 병실에서 죽음을 연장하는 아버지일 뿐이다. 우리 자녀들은 결국 부모 없이 살아갈 때를 맞는다. 그때를 대비해 무엇을 남겨줄지 고민하는 부모라면 시간을 내어줄 수 있다. 마지막까지 곁에 있을 수 없지만 마지막처럼 오늘을 사는 부모가 자녀에게 잠재력을 줄 수 있다.

덤블도어가 제자 해리 포터에게 남긴 말을 기억하자.

"죽은 자들을 불쌍히 여기지 마라. 산 사람들을 불쌍히 여겨. 무엇보다 사랑 없이 사는 사람들을 불쌍히 여기렴."

오늘 살아 있는 부모들이여, 지금 살아 있는 자녀들을 사랑하자. 오늘은 사랑 없이 살아가는 우리 자녀들에게 사랑을 보태주어야 하는 하루다.

모든 것이 괜찮았다

영화 〈해리 포터〉 시리즈는 〈해리 포터와 죽음의 성물〉로 대장정의 막을 내린다. 마법사 전투를 처절하게 치른 해리와 친구들은 19년이 지나 어느덧 부모가 되었다. 해리는 마지막으로 자신을 위험에 빠뜨렸던 이마의 흉터를 어루만지며 말한다.

"모든 것이 괜찮았다."

해리 포터 이마에 남은 상처처럼 나를 괴롭혀 온 질병이 있다. 주의력결핍과잉행동장애로 알려진 ADHD이다. 서른아홉 살이 되던 해 나는 정신의학과에서 정밀검사를 받고 ADHD임을 알게 되었다. 주의력결핍보다는 과잉행동과 충동성이 강해서 말보다 주먹이 앞서는 유년기, 청소년기를 보냈다. 성인이 돼서도 싸움을 하며 고막이 재생된다는 사실을 몸으로 경험했고, 손에도 바늘로 꿰맨 자국이 여러 개 있다. 그나마 치료비가 비싼 치아가 성한 것은 다행이었다.

요람부터 성인까지 좌충우돌한 아들 때문에 마음고생 심했던 어머니에게 병명을 말씀드렸다.

"엄마, 제가 ADHD래요."

수화기 건너편 짧은 침묵이 이어졌다.

"누가?"

"제가요."

"아…… 그래? 그래서 네가 그랬구나."

오랜 시간 여러 가지 사건으로 속 썩였던 아들에게 답한 어머니의 몇 마디 말에 많은 것이 담겨 있었다. 따뜻한 물에 목욕을 시키다 욕조 밖으로 꺼내니 거품을 물고 기절한 아기는 왜 그랬을까. 놀이터에서 타던 자전거를 뺏긴 아들은 왜 졸도했을까. 물건을 부수고, 사람을 때린 아들을 사랑으로 키운다고 노력했는데 왜 나아지지 않았을까. 노년의 어머니는 중년이 된 아들의 병명에서 그 답을 찾았다. 그래서 ADHD가 내게는 감사했다. 지난 시절 내 몸에 많은 상처가 남았고 부모님에겐 마음의 상처가 남았지만, 모든 것이 괜찮았다.

홈스쿨링 아빠 교육 시간에 아버지에게 편지 쓰는 시간이 있었다. 군대 훈련병 시기 이후, 처음으로 아버지에게 장문의 편지를 썼던 때도 이 무렵이다. 편지 제목은 '아빠가 된 아들이, 아들이 된 아빠에게'였다. 아버지는 술만 먹으면 때리는 할아버지를 피해 다녔고, 가족을 위해 중학교 다닐 나이부터 전기기술을 배워 여동생들을 시집보냈다. 게다가 시각장애인이던 어머니를 모셨던 효자다. 실제로 효자상도 받았다. 아버지는 가난과 역경을 근면과 성실로 극복하며 가족을 부양하고 자녀들을 키웠다. 나는 그래서 아버지를 존경한다. 그러나 할아버지의 폭력적인 모습이 아버지에게도 있었다. 그 내용을 편지지에 빽빽하게 담았다.

앞서 언급했지만 가정폭력 가해자의 대다수는 그 피해자다. 자녀들을 키우는 아빠가 되어보니 아버지를 이해할 수 있었다. 아들로 더 사랑받아야 했던 소년 시절 아버지는 폭력과 가난 속에서 그저 견딘 것이다. 아빠가 되어보니 아버지에게서 아들의 모습이 보였다. 나는 아버지가 사랑받는 아들로 살기를 기도했다. 지금 아버지는 신앙을 갖고 하나님의 아들로 행복하고 평안한 노년을 보내고 있다. 이 편지 내용을 주변에 알리고 싶어서 유튜브 채널 '미라클스토리'에 내 육성을 담아 녹음해서 올렸다. 당신의 아버지도 한때는 아들이었다. 사랑받지 못한 아버지, 사랑하기 힘든 아버지를 아들로 바라보면 모든 것이 괜찮다.

올해 봄, ADHD 때문도 아닌데 손가락을 깊게 베였다. 이번에는 과잉행동이 아닌 주의력 결핍이 원인이었다. 일요일 아침, 딸들을 위해 스크램블 에그를 만들면서 냉동 버터를 손에 들고 자르다가 왼쪽 검지에 과도가 깊게 들어갔다. 그 순간 오한을 느끼며 나는 단발의 짧고 깊은 비명을 질렀다. 딸들은 놀라 눈물을 흘렸고, 평소 운전석에 앉던 나를 보조석에 앉힌 아내가 급하게 차를 몰고 응급실로 향했다. 인대손상으로 인해 다급히 수술해야 했다.

왼쪽 팔 마취를 위해 주삿바늘이 겨드랑이를 깊이 찔렀다. 얼마 지나지 않아 내 팔이 죽은 것처럼 느껴졌다. 수술은 금방 끝났다. 마취가 덜 풀린 내 왼쪽 팔을 오른팔로 만졌을 때 눈물이 흘러나왔다. 한참 나이 어린 간호사 앞에서 창피한 줄도 모르고 소리 내어 울었다. 내 왼쪽 팔이 내게서 떨어져 나간 느낌 때문이었다. 단절이란 느낌이 주는 거대한 공포와 슬픔이 나를 짓눌렀다. 우리 가족이 이런 모습은 아닌가 하는 생각이 들었다. 대한민국 가족들은 팔, 다리가 저마다 끊어져 단절되어 있는데, 울지도 못하고 괜찮은 척하고 있진 않은지…….

4차 산업혁명 시대 새로운 '교육법'을 찾기 위해 이 책을 집었다면, 독자에게 미안한 마음을 전한다. 이 책에 새로운 교육법은 없다. 새로운 마음만 있을 뿐이다. 방법으로 자녀를 키우는 데는 5년, 고작해야 10년이 한계다. 영재교육은 5년이 한계라고 신문기사에도 나왔다. 새로운 마음과 자세로 아이를 가르치면 평생 간다. 세상 모든 부모에게 아직 기회가 있다. 자녀가 사춘기라 해도 아직 늦지 않았다. 부모의 존재 자체가 아이에겐 거대한 잠재력이다.

또한 부모, 자녀는 평생에 걸쳐 서로를 알아가야 하는 사이다. 부모는 자녀의 잠재력을 알아야 하고, 자녀도 부모의 사랑을 알아야 한다. 부모 인생을 영상으로 담은 자서전을 지켜본 자녀들은 대개 깜짝 놀란다. 미처 몰랐던 부모의 사랑을 발견하기 때문이다.

깊은 상처가 났던 왼손 검지가 여름이 되자 거의 다 아물었다. 상처의 아련한 느낌이 아직 남았지만 촬영과 편집 등 생계를 위해 주로 쓰던 손가락이 회복되었다. 이제는 책도 쓰고 있다. 손가락이 베이듯 내 삶과 우리 가정에 때때로 상처가 있었지만, 모든 것이 괜찮았다. 부모와 자녀가 단절된 대한민국 교육의 상처도 홈플릭스를 통해 잘 아물기를 기대한다. 우리는 새로운 마음으로 새로운 교육을 다시 시작할 수 있다.

 팝콘 여섯

사랑스러운 딸의 시

글로벌 홈스쿨링 아카데미 문학공모전에 우리 딸이 시를 응모해 윤동주
상을 받았다. 그 시를 소개한다.

죽음

이 세상엔 죽음이 있다네.

죽음은 나를 곤히 잠들게 하고

하늘로 올려 보낸다네.

죽음 다음에는 다시 새 몸으로,

다시 시작된다네.

거기서는 하나님도 만날 수 있다네.

죽음, 썩 물러가라.

나와 딸 그리고
당신에게 건네는 선물

이 책을 쓰게 된 주된 목적 3가지가 있다.

첫째, 그간 영화와 영상에만 몰입해서 살아온 내 삶에 책 한 권을 남기고 싶었다. 나에 대한 선물이었다. 첫 책이 나오기까지 코칭하고 응원해주신 플라이펜 추교진 작가님께 감사드린다. 원고 투고를 한 다음 날 신입작가에게 연락주시고 출간까지 물심양면 지원해주신 바이북스 윤옥초 대표님께 감사를 전한다. 베이직랩이란 공간에서 함께 일하며 기도하는 최동욱 장로님과 안신권 목사님을 비롯한 여러 대표님들께 고마움으로 고개를 숙인다.

둘째, 작가가 되고 싶은 딸의 꿈을 응원하고 싶어서였다. 아빠인 내가 작가가 되는 것보다 더 큰 동기부여와 교육은 없다. 그런 의미에서 이 책은 예비작가 딸에게 주는 선물이다. 딸을 위해 책을 썼지만, 정작 집필 기간 동안 함께 보내는 시간이 적어서 힘들어했던 딸들에게 고마움과 미안한 마음을 전한다. 책을 쓰는 동안 두 딸과 함께 기도하며 격려해준 아내에게 감사한다. 아빠가 되기까지 아들로 키워주시고 격려해주신 양가 부모님께 큰절을 올린다.

마지막으로 이 책은 우리 가족이 홈스쿨링을 경험하며 교육의 진짜 가치와 자녀와의 참된 행복을 발견한 내가 독자에게 주고 싶은 선물이다. 2년도 되지 않은 미천한 경험이지만 아이와 함께 가르치고 배우는 행복은 누구 못지않게 크다고 자부할 수 있다. 특히 내 또래의 저학년 자녀를 키우는 부모가 행복했으면 하는 마음으로 책을 썼다. 비록 어설프지만 행복을 주는 선물이라 생각하고 따뜻한 시선으로 받아주면 좋겠다. 함께 홈스쿨링을 하며 저마다 아름다운 영화를 만들어가는 홈스쿨링 동료 가정들에게 경의를 표한다. 그리고 대한민국 교육과 가정이 행복하기를 소망한다.

홈플럭스,
새로운 교육이 온다

초판 1쇄 인쇄 _ 2020년 11월 20일
초판 1쇄 발행 _ 2020년 11월 25일

지은이 _ 장영현

펴낸곳 _ 바이북스
펴낸이 _ 윤옥초
책임편집 _ 김태윤
책임디자인 _ 이민영

ISBN _979-11-5877-214-7 03370

등록 _ 2005. 7. 12 | 제 313-2005-000148호

서울시 영등포구 선유로49길 23 아이에스비즈타워2차 1005호
편집 02)333-0812 | 마케팅 02)333-9918 | 팩스 02)333-9960
이메일 postmaster@bybooks.co.kr
홈페이지 www.bybooks.co.kr

책값은 뒤표지에 있습니다.

책으로 아름다운 세상을 만듭니다. — 바이북스

미래를 함께 꿈꿀 작가님의 참신한 아이디어나 원고를 기다립니다.
이메일로 접수한 원고는 검토 후 연락드리겠습니다.